Frau Wirtins schamlose Lieder

Lustvolles
von
anno dunnemals

EULENSPIEGEL VERLAG

Inhalt

Inhalt

Ihr Mädchen, seid nicht blöde

Der Lehrmeister aus Paris

Ach Mutter, wie soll ich tun

Mein Liebchen hat ein Ärschelein

Dass ihm die Rübe steh

Herr Pater, das war wohlgetan

Freut euch des Lebens

Vorbemerkung

Die Liebe ist eine Himmelsmacht. Wohl wahr. Und hält viel irdische Freuden bereit – wovon die hier zusammengestellten Volkslieder erzählen. Man treibt es auf dem Heuboden, im Kämmerlein, unter Gottes freiem Himmel. Der Knecht beglückt die Mutter, der Bauer die Magd; die Gräfin macht es mit den Offizieren, der Pfaff mit der Nonne; der wandernde Handwerksbursche wohnt dem Mägdelein bei, das keine Jungfer bleiben will und lieber diesen oder jenen oder beide erhört. An kräftigen Worten und Bildern fehlt es nicht – da wird gevögelt und gefickt, da werden das schöne Ärschelein, die junge Ritze und die stehende Rübe gelobt. Und nicht weniger eindeutig sind die Anspielungen: »... und sonst noch was, und sonst noch was, was ich nicht sagen mag« – da weiß man Bescheid.

»Das Volkslied ist schamlos, weil es keine Scheu kennt, kein Ausweichen vor dem Gefühl, kein Umbiegen und Abblenden des Wortes, das ihm dieses Gefühl nennt und ausdrückt.«

Ein Volksliedsammler aus dem 20. Jahrhundert rückte mit diesen Worten ins rechte Licht, was verdienstvollen Forschern und Sammlern des 18. und 19. Jahrhunderts noch suspekt erschienen war.

Folgten sie doch weitgehend dem Konsens, dass Volkspoesie, die nicht das »Echte, Wahre, Gute« repräsentierte, wertlos sei. Was ihnen anzüglich, pädagogisch bedenklich oder moralisch verwerflich erschien und nicht dem herrschenden Zeitgeist entsprach, fiel durchs Raster. Sammler des 20. Jahrhunderts füllten diese Lücken aus entlegenen Quellen und mündlicher Überlieferung auf, so dass wir, ein weiteres Jahrhundert später, einen Blick werfen können auf das sinnenfreudige Treiben unserer Vorfahren und uns erfreuen an den Versen, mit denen sie frank und frei und durchaus auch im Sinne eigener Befreiung davon Mitteilung gaben.

Zu dem Titel dieser Auswahl hat uns jener bereits zitierte Sammler, Leo Schidrowitz, mit seiner Sammlung »Das schamlose Volkslied« angeregt. Unser Buch schließt an die im Eulenspiegel Verlag erschienenen Editionen »Frau Wirtin hatte einen Knecht« und »Frau Wirtins frivoler Nachlass« an.

Der Verlag

Ihr Mädchen, seid nicht blöde

Alexis saß mit Nettchen
im Schirm von Hagedorn,
sie flochten Blumenkörbchen
von lauter Rittersporn.
Von sonst noch was,
von sonst noch was,
was ich nicht nennen mag.

Ein Blick von Wonne lüstern,
der ihrem Aug entstrahlt,
schien ihm ins Herz zu flüstern:
Ach küsse mich einmal:
Und sonst noch was,
und sonst noch was,
was ich nicht nennen mag.

Alexis, guter Dinge,
schlang seinen Arm um sie,
und unter dem Geringe
entblößt sich Brust und Knie.
Und sonst noch was,
und sonst noch was,
und sonst noch was ward bloß.

Nach blöder Jungfern Weise
tat's Nettchen Widerstand,
sie schrie, jedoch ganz leise:
»Hinweg, hinweg die Hand!«
  Und sonst noch was,
  und sonst noch was,
  was ich nicht nennen mag.

Trotz allem Ach und Wehe
drang er in ihren Schoß.
Sie sprach: »Ach, ich vergehe,
denn deine Sünd ist groß.
  Und sonst noch was,
  und sonst noch was,
  und sonst noch was ist groß.«

So saßen sie und spielten,
bis Kraft und Lust verschwand,
sie sah'n sich an und hielten
sich traulich an der Hand.
  Bei sonst noch was,
  bei sonst noch was,
  was ich nicht nennen mag.

Vom sanften Schlaf erwachte
viel früher sie als er,
sie sah ihn an und fragte:
»Gibt's nichts zu küssen mehr?
  Gibt's sonst nichts mehr,
  gibt's sonst nichts mehr,
  gibt's nichts zu küssen mehr?«

»Alexis, du alleine«,
sprach's Nettchen jetzt zu ihm,
»ich will gewiss nicht weinen,
so küss mich fernerhin,
   darfst sonst noch was,
   darfst sonst noch was,
   was ich nicht nennen mag.«

Ihr Mädchen, seid nicht blöde,
macht's grade so wie sie.
Von Anfang war sie blöde,
jetzt entblößt sie Brust und Knie.
   Und sonst noch was,
   und sonst noch was,
   noch was entblößte sie.

Soll ich armes Ding denn ewig warten?
Ich geh gleich schon ins zwölfte Jahr;
nein, ich will die Sache besser karten,
die Geduld ist bei mir ziemlich rar.
Werf ich gleich das Netze selber aus,
ach! ein Mädchen macht sich nichts daraus.

Kein Galan kommt uns ins Maul geflogen,
wenn man stets in seiner Klause sitzt:
In der Einsamkeit wird man betrogen,
wenn man sich auf einen Mann verspitzt.
Ich geh fleißig nach Gesellschaft aus,
denn ein Mädchen macht sich nicht daraus.

Brust und Äpfel schnür ich in die Höhe,
dass das liebe Gut ins Auge fällt,
dass man, wenn ich unter Leute gehe,
mich für erzgalant und artig hält.
Sieht mein Kränzchen zu handgreiflich aus,
ach! ein Mädchen macht sich nichts daraus.

Ich weiß meine Farbe zu erheben,
wenn ein roter Strich die Backen netzt,
das heißt der Natur den Ausschlag geben,
der die halbe Welt in Liebe setzt.
Sieht mein Malen gleich was kennbar aus,
ach! ein Mädchen macht sich nichts daraus.

Leg ich mich gleich fleißig auf das Küssen,
wenn man sich nur nicht aufs Bette legt,
oh, das schadet nicht, wenn wir gleich wissen,
wie man einen Kuss zu geben pflegt.
Täglich teil ich hundert Mäulchen aus,
ach! ein Mädchen macht sich nichts daraus.

Und gesetzt, dass ich's versehen hätte,
oh, so schleich ich bei der stillen Nacht
in ein abgelegenes Wochenbette,
wo man wenig Federlesens macht.
Sieht mein Jungfernkranz zerhudelt aus,
ach! ein Mädchen macht sich nichts daraus.

Hamburg ist ein schönes Städtchen,
schrumm, schrumm,
weil es an der Elbe liegt,
schrumm, schrumm!
Drinnen gibt's viel schöne Mädchen,
gibt's schöne Mädchen,
aber keine Jungfern nicht,
schrumm, schrumm.

Dorn und Disteln stechen sehr,
stechen sehr.
Falsche Liebe noch viel mehr,
noch viel mehr.
Lieber will ich nach Dorn und Disteln gehn,
als bei einem falschen Burschen stehn.
Ei, wer hätte das gedacht,
das gedacht,
dass mein Schätzchen so was macht,
so was macht.
Darum sag ich: Mädchen hütet euch,
Burschen, das ist lauter Luderzeug.

Aennchen hat ne Kaffeemühle,
schrumm, schrumm!
Aber Kaffee mahlt sie nicht,
schrumm, schrumm!
Doch viel Talers in die Tasche
bringt die Mühle,
aber keinen Bräutigam nicht,
schrumm, schrumm.

Soll ich denn nicht klagen,
dass ein alter Mann
neben mir am Wagen
ist gespannet an.
Wohl ein schönes Fahren,
wo die Pferde gleich.
Junge mit den Alten
ist ein Totenleich.
Ich hab neues Silber
um ein Quintlein lieber,
weil ich's um seinen Preis
allzeit sind und weiß,
als einen alten Gecken,
bedeckt mit Schnee und Eis.

Einen Alten lieben,
stehet ja nicht wohl,
weil er nicht kann geben,
was er geben soll.
Ich will einen lieben,
der sein Sach verricht
und sich weiß zu üben,
wo der Kitzel sticht.
Eine schöne Schüssel
voller Leckerbissel
taugt dem alten Mann
nicht zu rühren an,
weil er im Tranchieren
den Vorteil nicht recht kann.

Alte, die sich melden
bei der Venus an,
lässet sie gar selten
vorne stehen an.
Junge mit den Jungen
lässet sie gern für,
Alte müssen halten
Schildwach vor der Tür.
Alter Büchsen Schallen
kann so laut nicht knallen,
auch ein alter Pflug
hat des Ackers g'nug.
Hört, wer jetzt will hören,
was ich singen tu.

Gleich wie ein alter Reiher
nicht so hoch mehr fliegt
und einen alten Jäger
der Wald nicht mehr vergnügt,
gleich wie bei alten Rechtern
nur Betrug und List
und bei alten Fechtern
kein Gefahr mehr ist,
einen Alten lieben,
bringet nur Betrüben,
weil er nicht mehr kann,
obgleich ich auch schon
den Pfeil mit beiden Händen
auf meinen Bogen spann.

Gleich und gleich gesellet,
steht ja trefflich gut,
ein freies Herz erwählet
auch einen frischen Mut.
Einen schönen Garten
man stets pflanzen soll,
und eine neue Karten
braucht das Mischen wohl.
Ich weiß, neue Messer
schneiden ja viel bessser,
wann's geschliffen sein;
wann man in neue Schlösser
steckt neue Schlüssel ein.

Darum, so will ich bitten
alle insgeheim,
wollet euch doch hüten
und lasst die Alten sein.
Wann ihr wollet leben
ohne Kummer hier,
denkt, dass der Sommer dringt
dem kalten Winter für.
Lasst die Alten schleichen,
nehmet euresgleichen,
nur kein alter Mann,
der nicht geigen kann
nach dem Takt der Noten.
Nehmt nur keinen alten Mann.

Von dem Kopf bis an die Nas,
Maier, da macht's Spaß.
Maier! Maier! Da macht's Spaß,
an der Gütel ihre Nas.

Von der Nas bis an die Brust,
Maier, da macht's Lust.
Maier! Maier! Da macht's Lust,
an der Gütel ihrer Brust.

Von der Brust bis an den Bauch,
Maier, da leg dich drauf.
Maier! Maier! Da leg dich drauf,
auf der Gütel ihren Bauch.

Von dem Bauch bis an den Nabel,
Maier, mach mir kein Gezabel.
Maier! Maier! Mach mir kein Gezabel,
auf der Gütel ihrem Nabel.

Von dem Bauch bis an den Fuß,
Maier, gib mir noch ein' Kuss.
Maier! Maier! Gib mir noch ein' Kuss,
an der Gütel ihren Fuß.

Von dem Fuß bis an die Küch,
Maier, gib mir noch ein' Stich.
Maier! Maier! Geb mir noch ein' Stich,
auf der Gütel ihre Küch.

Von der Küch bis in die Stub,
Maier, gib mir noch ein' Druck.
Maier! Maier! Gib mir noch ein' Druck,
auf der Gütel ihre Stub.

Es war einmal ein alter Mann,
der hatt ein junges Weib,
der hatte kein Couraschi mehr
in seinem ganzen Leib.

Das Weib, das Weib,
die will am Tanzboden gehn,
das will der alte Schafskopf
gar nimmer recht verstehn.

Der Mann, der sagt:
»Willst du am Tanzboden gehn,
so musst du's Rutschi Butscherle
zu Hause lassen stehn!«

Das Weib, das Weib
geht bei der Tür hinaus
und fängt dem alten Schafskopf
sogleich ein' Fledermaus.

»Sieh an, sieh an,
du lieber, alter Mann,
ich hab dir's Rutschi Butscherle
ins Schachterl reingetan.«

Der Mann, der Mann,
der macht das Schachterl auf,
da fliegt ihm's Rutschi Butscherle
zum Fenster gleich hinaus.

»Au weh, au weh
und noch einmal au weh!
Jetzt hab ich's Rutschi Butscherle
zum letzten Mal gesehn.«

Das Weib, das Weib,
die ging vom Tanzboden nach Haus
und stoßt dem alten Schafskopf
die Nase gleich darauf.

»Sieh an, sieh an,
du lieber, alter Mann,
jetzt ist mir's Rutschi Butscherle
schon wieder gewachsen an.«

Mädchen, wenn du freien willst,
so schicke dich dazu,
so nimm dir einen Schuster,
der macht dir schöne Schuh.

Hab gehört, die Schusterweiber
müssen Leder schneiden.
Viel lieber will ich einen Kaufmann nehmen,
da geh ich in Samt und Seide.

Hab gehört, die Kaufmannsweiber
müssen Wagen schmieren.
Viel lieber will ich einen Soldaten nehmen,
da geh ich mit marschieren.

Hab gehört, Soldatenweiber
müssen Brot weit holen.
Viel lieber will ich einen Bäcker nehmen,
der bäckt mir's bei Kohlen.

Hab gehört, die Bäckerweiber
müssen Butter schmelzen.
Viel lieber will ich einen Fleischer nehmen,
der tut mir die Wurst mit sälzen.

Hab gehört, die Fleischerweiber
müssen Blut auffangen.
Viel lieber will ich einen Fischer nehmen,
da geh ich mit und angele.

Hab gehört, die Fischerweiber
friert es an die Hände.
Viel lieber will ich einen Gastwirt nehmen,
da schreib ich's an die Wände.

Hab gehört, die Gastwirtsweiber
müssen Bier auffüllen.
Viel lieber will ich eine Jungfer bleiben,
da hab ich meinen Willen.

Hab gehört, die Jungfersleute
werden leicht zu Huren.
Viel lieber will ich mir einen Alten nehmen,
der lässt mich ungeschoren.

Immer, immer, immer hin,
ob ich gleich kein Jungfer bin,
gräm mich doch nicht zu Tode,
sondern halt es mit der Mode
und gedenk in meinem Sinn:
Immer, immer, immer hin,
ob ich gleich kein Jungfer bin.

In der, in der, in der Welt
bleibt zur Wahrheit ausgestellt,
dass ein Mädchen von vierzehn Jahren
hat das Lieben schon erfahren,
was den Weibern wohlgefällt.
In der, in der, in der Welt
bleibt zur Wahrheit ausgestellt.

Liebe, Liebe, Liebe sticht,
bin ich doch die erste nicht,
die das Lieben hat versuchet,
manche tut ja gar verfluchet,
bis ihr erst der Odem bricht.
Liebe, Liebe, Liebe sticht,
bin ich doch die erste nicht.

Darum, darum, darum das:
Jungferschaft und Glück und Glas!
Soll mir nur zum Wahlspruch gelten,
sollt mich eine darum schelten,
Sag ich ihr's ohn Unterlass:
Darum, darum, darum das:
Jungferschaft und Glück und Glas!

Viele, viele, viele sein
wahrlich Jungfern nur zum Schein,
sie packen auf und legen nieder,
gehen nun als Jungfern wieder,
stellen sich ganz engelrein.
Viele, viele, viele sein
wahrlich Jungfern nur zum Schein.

Nun ade, nun ade,
schade vor die Renommee.
Bleibt ihr Jungfern, wer ihr wollet,
glaubet, dass ihr mir auch sollet
Paten sein bei meiner Eh.
Nun ade, nun ade,
schade vor die Renommee.

Es war einmal eine Müllerin,
ein wunderschönes Weib.
Sie tut ja selber mahlen,
schön Geld sich zu ersparen,
wollt selbst der Mahlknecht sein.

Und als der Müller nach Hause kam,
vom Regen war er nass.
»Steh nur auf, steh nur auf, du Stolze,
mach mir ein Feuer von Holze,
vom Regen bin ich nass.«

»Ich steh nicht auf, lass dich nicht ein«,
sprach die Frau Müllerin.
»Ich hab heut Nacht gemahlen
mit schönen, jungen Knaben
bis an den frühen Tag,
dass ich nicht aufstehn mag.«

»Stehst du nicht auf, lässt mich nicht ein«,
sprach nun der Müller fein,
»so tu ich die Mühl verkaufen,
das Geld tu ich versaufen
beim roten, kühlen Wein,
wo schöne Mädchen sein.«

»Tust du die Mühl verkaufen,
was mach ich mir daraus?
Dort unten auf grüner Heide
bau ich mir eine zweite,
wo's frische Wasser quellt,
das Mahlen mir gefällt.«

Ein Mädchen kaum von vierzehn Jahren
ficht schon die Männersehnsucht an,
drum wünscht sie, täglich sich zu paaren,
und singt: Ach, gebt mir einen Mann,
der mir fein sanft das Leibchen drücke,
denn meine Jungfernschaft ist flügge.

Sind sechzehn Jahre erst vergangen,
so brennt das Mädchen lichterloh
und singt vor brennendem Verlangen:
(Ihr lieben Jungfern, ist's nicht so?)
Will noch kein Mann mir Löschung gönnen?
Ach, soll ich armes Ding verbrennen?

Sind zwanzig Jahre rangekommen,
so seufzt das Mädchen Tag und Nacht,
bis ihr die Jungfernschaft genommen,
die ihr die Nächte schlaflos macht.
Sie singt: Ach, komm ein Mann noch heute,
sonst geh ich selber auf die Freite.

Kommt's dreißigste Jahr schon angetreten,
so fleht sie den Sankt Andres an
(den sie pflegt knieend anzubeten)
und singt: Ach, gib mir einen Mann,
den ich im Bette kann umarmen,
Sankt Andres, lass dich's doch erbarmen!

Sind aber fünfzig Jahr verflossen,
wird die verschrumpfte Jungfernschaft
mit Tränenwasser nun begossen,
doch singt sie noch aus Leibeskraft:
Ach, komm ein Mann, ach, komm behende,
wo nicht, so komm mein Lebensende.

Der Lehrmeister aus Paris

Es wollt ein Binder wandern
wohl in das Niederland,
schön Geldchen wollt er sich verdienen,
juchheisa verdienen,
mit seiner schneeweißen Hand
wohl in dem Niederland.

Und als er ins Niederland kam
wohl vor der Frau Wirtin Tür:
»Frau Wirtin, ist sie darinnen,
juchheisa darinnen?
Ein Binder steht vor der Tür,
hat sie kein Arbeit dafür?«

»Ist er fürwahr ein Binder?
Hab auch ein rinnentes Fass,
und wer mir dasselbe verbindet,
juchheisa verbindet,
demselben geb ich auch was
wohl für das rinnente Fass.«

Die Köchin in der Küche
schrie auch mit heller Stimm:
»Ich hab was in meiner Seite,
juchheisa ja Seite,
es scheint, es wäre der Tod.
Das Binden, das tut mir so not.«

Ein altes Weib hinter dem Ofen
wollt auch verbunden sein:
»Der Teufel kann alles verbinden,
juchheisa verbinden,
mei'm Hammer, dem wackelt der Stiel,
und die Alte kann binden, wer will.«

Ein Mädchen von achtzehn Jahren
wollt auch verbunden sein:
»Jetzt kann ich schon wieder verbinden,
juchheisa verbinden,
mein Hammerstiel steht wieder fest,
jetzt kann ich verbinden aufs best.«

An einem heißen Sommertag
saß ich vor meiner Hüttentür,
da kam ein Jüngling von jungen Jahren
und setzte sich nieder her zu mir.

»Holdes Mädchen, hast du mich lieb?
Ich bin der Lehrmeister aus Paris.«
»O schönster Jüngling, wie kann ich lieben,
wenn ich nicht weiß, was lieben heißt?«

Am andern Abend, da schlafen beide,
wovon die Mutter gar nichts weiß,
jedoch der Vater darf es wissen,
weil er auch weiß, was lieben heißt.

Am andern Morgen, da kam die Mutter:
»O liebes Töchterlein, so steh doch auf!«
»O liebste Mutter, lass mich nur schlafen,
ich hab heut Nacht das Lieben gelernt.«

»Wer ist der Heuchler und der Verführer,
der meinem Kinde die Unschuld hat geraubt?«
»Er ist kein Heuchler und kein Verführer,
er ist der Lehrmeister aus Paris.«

»Tausend Taler möcht ich geben,
wenn ich den Lehrmeister kennenlernt!«
»O liebste Mutter, den kannst leicht kennen,
er kommt heut Nacht wiedrum her zu mir.«

Ihr Mädchen und Jungfern, denkt wohl daran,
es kommt ein Schlosser aus London heran,
der macht die Schlüssel, ich wette darauf,
sie schließen von hinten und vorne gut auf.
Zum tralalalalalalala juchheisa,
der lustige Schlosser ist da.

Da kam ein' junge, sehr schöne Frau,
die sprach zu dem Schlosser: »Seh er nur genau,
mein Mann, der sagt immer, mein Schloss wär
nicht rund,
er könnt mit seinem Schlüssel nicht finden den
Grund.«
Zum tralalalalalalala juchheisa,
der lustige Schlosser ist da.

Da kaum auch ein Mädchen von achtzehn Jahr,
es sprach zu dem Schlosser: »Bleib er nur noch da,
es hat mir ja einer mein Schlösschen ruiniert
und hat mir den Schlüssel mit Gewalt
hineingedreht.«
Zum tralalalalalalala juchheisa,
der lustige Schlosser ist da.

Da kam eine Nonne, die hatte gebeicht,
und sprach zu dem Schlosser: »Es ist mir ganz
leicht,
ich war sechs Jahr im Kloster, kein' Schlüssel
gespürt,
jetzt bin ich herausgekommen, mein Schloss
ruiniert.«
Zum tralalalalalalala juchheisa,
der lustige Schlosser ist da.

Da kamen die Mädchen wohl alle herbei
und sprachen zum Schlosser: »Mach er uns nur
neu.«
Oh, ihr armen Mädchen, mit euch sieht's übel aus,
euch hängen ja alle Schrauben zum Schlösschen
heraus.
Zum tralalalalalalala juchheisa,
der lustige Schlosser ist da.

Es fuhr ein Bauer ins Holz,
drei Stunden vor dem Tage mit seinem Rösslein stolz.

Da kam der Schreiber gegangen,
er ward von's Bauers Frauen gar schön empfangen.

Da bracht der Bauer das Holz
und fand bei seiner Frauen ein' Schreiber, der war stolz.

»Ach, Schreiber, was machst du abermal hier?«
»Ich habe deiner Frauen auf der Lauten musiziert.«

»Das dank der Popelmann dir,
dass du hast meiner Frauen auf der Lauten musiziert.«

Der Bauer, der Lümmel, der Bengel, der gar grobe Scheit,
er schlug den stolzen Schreiber auf seinen zarten Leib.

Er hatt so sehre geschlagen,
dass ihn auch drei Studenten aufs Colleg mussten tragen.

Da kam der Kapellan her:
»Ach, Schreiber, du musst beichten, von dir ich dies begehr.«

»Ach, Herr, ich kenne meine Schuld,
den alten Weibern bin ich gram, den jungen aber hold.«

»Ach, Schreiber, dir sag ich zuletzt,
dass du das Lautenschlagen unterdessen bleiben lässt.«

»Ach, Herr, es kommt mir nicht aus dem Sinn,
denn wo ich gestern gewesen, da geh ich wieder hin.«

Mit dem Pfeifchen in dem Munde, Munde
ging ich eines Abends aus, Abends aus.
Ging wohl in der Dämmerstunde
in den dunklen Wald hinaus.

Und da sah ich in der Ferne, Ferne
ein verliebtes Pärchen stehn, Pärchen stehn,
und sie hatten sich so gerne
dass sie beinander stehn.

Um das Pärchen nicht zu stören, stören,
zog ich meine Stiefel aus, Stiefel aus,
um ihr leises Wort zu hören, hören,
streckt ich mich im Grase aus.

Und was hört' ich da für Worte? Worte?
Mädchen, zieh die Hose aus! Hose aus!
Um die Unschuld dir zu nehmen,
strecke dich im Grase aus!

Und das Mädel legt sich nieder, nieder,
und der Jüngling obendrauf, obendrauf.
Und da ging es auf und nieder
unter einem Rosenstrauch.

Und der Jüngling zog von dannen, dannen,
schwenkte dreimal seinen Hut, seinen Hut,
nun ade, du mein Feinsliebchen,
zum Poussieren warst du gut!

Es wollt ein Meyer meyen,
wollt meyen auf grüner Heid.
Was trug er auf sein Rücken?
Ein Senslein, das war breit.
Damit wollt er abmeyen
all Blümlein auf grüner Heid.

Als das ein Fräulein hörte,
war fröhlich sie zur Stund.
Sein Senselein tät er wetzen
dreimal in einer Stund.
Da war das Mägdlein fröhlich,
dass er gut meyen kunnt.

Sie sprach: »Ich hab ein Wieselein,
es ist aller Blümlein voll,
es liegt zwischen zweien Bergen,
es wässert sich so wohl.
Gott wolle mir bewahren,
der darauf meyen soll!«

Was zog sie von ihrem Finger?
Von Gold ein Ringelein.
»Sieh da, du edler Meyer,
das geb ich dir zu Lohn,
mein Meyer sollst du bleiben
den ganzen Sommer lang!«

Wer ist denn drauß', wer klopfet an,
der mich so leis aufwecken kann?«
»Ein Junggesell wohl in der Still,
der den Rauchfang kehren will.

Ei, Jungfrau, was ich begehr,
geben Sie mir den Schlüssel her,
dass ich mach die Türe auf,
dass ich geh in' Rauchfang 'nauf!

Ei, Jungfrau, was ich begehr,
geben Sie mir den Besen her,
nicht so groß und nicht so klein,
dass ich kann in' Rauchfang 'nein.

Bauer häng dein Bummel an,
dass er mich nicht beißen kann,
beißt er mich, so schlag ich dich,
Bauer glaub mir's sicherlich.«

Droben am Berg, da steht ein Bu',
schaut dem Rauchfangkehrer zu.
Aus dem Bu' wird auch ein Mann,
der den Rauchfang kehren kann.

»Könnt ich schwimmen wie ein Schwan,
krähen wie ein Gockelhahn,
karessieren wie ein Spatz,
wär ich aller Mädchen Schatz.

Weil ich aber das nicht kann,
bin ich veracht' von jedermann.
Rauchfang kehren weit und breit,
Rauchfang kehren ist meine Freud.«

Ich war mal ein Jüngling mit lockigem Haar,
mein einziger Wunsch eine Geige stets war.
Ich liebte das Geigen, ich geigte so gern.
Daran hab ich Freude, ich musst' es erlern.

Und als ich vom Geigen genügend verstand,
ich gleich beim Theater 'ne Anstellung fand.
Da geigte ich Opern in Dur und in Moll,
und mein Pizzikato, das war wundervoll!

Die Jungfrau von Orlean, die geigt' ich im Stehn
und ganz ohne Noten, ei, das fand sie schön.
Und die weiße Dame, die geigte ich keck
gleich bei der Premiere vom Notenblatt weg.

Als Geiger, da hatte ich sehr viel zu tun,
war ständig auf Reisen und wollte nicht ruhn.
Doch alles wird anders, man wird einmal alt,
und selbst meine Geige, die lässt mich nun kalt.

Will ich heut mal geigen, ach, es ist doch zu dumm,
beim ersten Strich fällt mir der Steg immer um.
Der Bogen ist wacklig, s' Kolophonium ist hin,
und in meiner Geige sind Spinnweben drin.

Einst geigt' ich mit Feuer, mit Schwung und mit Glut,
ja, weit und breit geigte kein Zweiter so gut.
Heut spiel ich mit zitternden Fingern dran rum
und mache nur abends noch manchmal blim blum.

Ich bin der Pfanneflicker aus der Stadt, hab immer frohen Mut.
Und wer die Pfanneflickerei versteht, der leidet keine Not.
Der Pfanneflick-flick-flick macht sich nichts draus,
ruft Pfanneflick-flick-flick von Haus zu Haus.

Und als er kam vors Kasseler Tor, eine Mamsell schaut heraus:
»O Pfanneflick-flick-flick kehr bei mir ein
hier wird schon was, schon was zu flicken sein.«

Da gab sie ihm ein Pfännelein, das war bedeckt mit Ruß.
Da schlug er einen Niet hinein, so groß wie ein Ochsenfuß.
O Pfanneflick-flick-flick, nimm dich in Acht,
dass du das kleine, kleine Loch nicht größer machst.

Und als der Pfanneflicker fertig war, die Pfanne war geflickt,
da hat sie ihm ein Talerstück wohl in die Hand gedrückt.
Der Pfanneflick-flick-flick schwenkt seinen Hut:
»Adjes, Mamsell, Mamsell, der Flick war gut.«

Bei ner Hitze von dreißig Grad,
in der Tasche wenig Draht,
kommt ein Sänger gezogen.
Vor dem Wirtshaus auf der Bank
liegt die Wirtin, jung und schlank,
macht verliebte Oogen.

Denkt der Sänger: »Gott verzigg'g,
dieses Weib ist wirklich üpp'g.«
Kneipt sie in die Beene.
Spricht zu ihm das schöne Weib:
»Bleiben Sie mir ja vom Leib,
denn Sie sind gemeene.«

Drauf zieht er frech und keck
unter ihr die Bank hinweg,
krach, liegt sie im Drecke.
Spricht sie zu ihm: »Hörn Sie mal,
das leid ich auf keinen Fall,
lass mich gehen, geh wecke.«

Weiter sie sich auch nicht wehrt,
doch ne Faust ihm plötzlich fährt
kräftig in den Kragen:
»Wart, ich lehr dich Schweinehund,
dich, verfluchter Vagabund,
an mein Weib zu wagen!«

Sagt der Sänger ganz bequem:
»Wer'n Se nich unangenehm,
denn sonst werd ich eklich,
wie konnt ich wissen, dass die Sau
hier ist ihre liebe Frau,
das ist doch unmöglich.

Habe sie, ich muss gestehn,
für ne Schnepfe angesehn,
die für jeden Zahler.
Aber, da die Sache so,
bin ich Se, weeß Knebbchen, froh,
denn ich spar den Taler.«

Doch der Wirt entsetzlich flucht
und zu guter Letzt versucht,
ihn noch zu verhau'n.
Auch der Sänger hatte Talg,
schmeißt ihm gleich eins vor den Balg
und dann übern Zaun.

Dann zum Abschied reicht galant
er der Wirtin seine Hand,
spricht: »Ich muss nun scheiden,
muss von hier jetzt weiterziehen,
denn Ihr Mann kann, wie mir schien,
gar nicht gut mich leiden.«

Es ist mein großes Unglücke,
dass ich so wunderschöne bin,
die Jungfern reißen mich in Stücke,
wenn ich einst will von hinnen ziehn.
Die Weiber kommen auch dazu,
so hab ich weder Rast noch Ruh.

Wenn ich bei einer bin gewesen,
so find sich schon die andre Magd,
die bringt mir einen Brief zu lesen,
der mich mit neuer Liebe plagt.
Da ich noch bei der andern bin,
so kommet schon die dritte hin.

Ich kann mich nicht zu Tode lieben,
man kriegt des Dinges gleichwohl satt.
Ein Schiffmann kann nicht immer segeln,
wenn er gleich Schiff und Ruder hat.
Schont doch der Bauer seine Handschellen
und hängt den Flegel an die Wand.

Und Fuhrmann fährt die ganze Woche,
doch ruht er auf den Sonntag aus.
Ein Bergmann steckt nicht stets im Loche,
er kriechet unterweilen raus.
Ein Fechter, der da haut und stößt,
wird doch von andern abgelöst.

Ich bin den ganzen Tag geschoren,
was hab ich endlich doch davon,
die Kräfte gehen mir verloren,
das ist der letzte Macherlohn.
Und wenn das kommt, so heißt der Schluss,
dass ich von hinnen ziehen muss.

Ich weiß nicht, ob ich darf trauen
Michel, meinem großen Knecht,
denn ich merk, bei meiner Frauen
ist der Schlingel eben recht.
Sie setzt ihm oft mein Mützchen auf
und küsst ihn wohl noch obendrauf.
Das sind freilich ganz unschuldige Späße:
Indessen taugt's doch nicht und ist nicht recht,
dass meine Frau nicht leben kann ohne Michel,
meinen Knecht.

Wenn sie bleichet in dem Garten
oder Zeug gewaschen rein,
muss ihr Michel stets aufwarten
und allzeit der nächste sein.
Das kränket mich ins Herz hinein,
dass Michel soll mein Schwager sein.
Ich habe zwar sonst gegen seine Schwagerschaft
nichts auszusetzen, denn er ist ein tüchtiger Kerl:
Indessen taugt's doch nicht und ist nicht recht,
dass meine Frau nicht leben kann ohne Michel,
ihren Knecht.

Als ich neulich von der Reise kam
um späte Mitternacht,
hatte sich nach alter Weise
Michel zu der Frau gemacht.
Und als ich wollt hinein zu ihr,
stand Michel vor der Kammertür.
Der Teufel kann wissen, ob der Kerl heraus oder
hinein wollte:
Indessen taugt's doch nicht und ist nicht recht,
dass meine Frau nicht leben kann ohne Michel,
ihren Knecht.

Wenn der Pfarrer sie im Guten
nicht auf andre Wege bringt,
wird man's sehn und nicht vermuten,
was für Unheil draus entspringt.
Und eh' sie sich's mal werden versehn,
so werd ich vor der Kammertür stehn.
Und werde sagen: Kinder, um Gottes willen,
lasst doch die dummen Streiche bleiben:
Denn es taugt doch nicht und ist nicht recht,
dass meine Frau nicht leben kann ohne Michel,
ihren Knecht.

Merkt euch das, ihr Junggesellen,
die ihr einst heiraten wollt:
Michel pflegt sich einzustellen,
ist ihm nur die Frau erst hold.
Drum nehmt euch einen solchen Knecht,
der krumm und bucklicht, schief und schlecht.
Ich will gerade nicht sagen, dass solche Knechte
zur Arbeit die besten sind.
Indessen taugt's doch nicht und ist nicht recht,
dass meine Frau nicht leben kann ohne Michel,
ihren Knecht.

Ach Mutter, wie soll ich tun

I pfeif auf mei Jungfernschaft,
i pfeif auf mei Leb'n,
i pfeif auf mei Leb'n.

Der Bu, der mir's g'nomme hat,
der kann mir's nimmer geb'n,
der kann mir's nimmer geb'n.

Bei der Nacht, da hat's kracht.
Hat oans g'schlagen,
hat zwoa g'schlag'n
hat drei bei der Nacht.

Da hat mi mei Bu
um de Jungfernschaft bracht,
um de Jungfernschaft bracht,
um drei bei der Nacht.

Mädchen, warum weinest du, weinest du so sehr?
Wenn andere Mädchen tanzen gehn,
muss ich bei der Wiege stehn.
Darum weine ich, weine ich so sehr!

Mädchen, warum weinest du, weinest du so sehr?
Als ich auf der Wiese saß,
da machtest du mir ja den Spaß!
Darum weine ich, weine ich so sehr!

Mädchen, warum weinest du, weinest du so sehr?
Weil mein Schatz ein Schlucker ist,
ach, ein armer Schlucker ist.
Darum weine ich, weine ich so sehr!

Mädchen, warum weinest du, weinest du so sehr?
Weil ich muss mein Kleid verkaufen,
dass ich kann mein Kindle taufen.
Darum weine ich, weine ich so sehr!

Mädchen, warum weinest du, weinest du so sehr?
Wenn andre Mädchen zischenzaschen,
muss ich zu Hause Windeln waschen.
Darum weine ich, weine ich so sehr!

Mädchen, warum lachest du, lachest du so sehr?
Weil mir ist mein Kind gestorben,
und ich bin wieder Jungfer worden!
Darum lache ich, lache ich so sehr!

Es war ein Mädel, weiß wie Schnee,
die einst spazieren ging am Bodensee.
Sie setzte sich auf einen Stein,
da fiel ihr der Gedanke ein:
Wenn nur einer käme und mich
ging gang gingele, ging gang gingele
ging am Bodensee.

Da kam ein Jäger von der Jagd
und setzte sich ins grüne Gras.
Er fasste sie wohl an dem Knie,
wobei sie ganz entsetzlich schrie:
Ich glaub, du willst mich
ging gang gingele, ging gang gingele
ging am Bodensee.

Die Mutter sprach: Was ist denn das,
du wirst so bleich und wirst so blass?
Das kommt doch nicht von ungefähr,
das kommt von ganz was andrem her.
Das kommt vom vielen, vielen
ging gang gingele, ging gang gingele
ging am Bodensee.

Und wenn ich einst gestorben bin,
so schreibt man auf 'nen Grabstein hin:
Hier ruht ein Mädel, weiß wie Schnee,
das einst spazieren ging am Bodensee.
Sie starb vom vielen, vielen
ging gang gingele, ging gang gingele
ging am Bodensee.

Ach Mutter, liebste Mutter mein,
wie soll ich tun,
wie und wie soll ich tun?
Es kommt mir alle Nacht ein alter Mann
an mein Lad und will mich han.
Wie soll ich tun,
wie und wie soll ich tun?«

»Ach Tochter, liebste Tochter,
so sollst du's tun,
so und so sollst du's tun.
Nimm den alten Huddelwisch,
schlag ihn, bis er von dir ist.
So sollst du's tun,
so und so sollst du's tun.«

»Ach Mutter, liebste Mutter mein,
wie soll ich tun,
wie und wie soll ich tun?
Es kommt mir alle Nacht ein junger Knab
an mein Lad und will mich han.
Wie soll ich tun,
wie und wie soll ich tun?«

»Ach Tochter, liebste Tochter,
so sollst du's tun,
so und so sollst du's tun.
Hinterm Ofen hängt ein Scheu,
schlag ihn, bis er bei dir leit.
So sollst du's tun,
so und so sollst du's tun.«

»Ach Mutter, liebste Mutter mein,
wie soll ich tun,
wie und wie soll ich tun?
Wenn der Vater aus dem Wirtshaus kam,
gesieht den Knaben, den ich bei mir han.
Wie soll ich tun,
wie und wie soll ich tun?«

»Ach Tochter, liebste Tochter,
so sollst du's tun,
so und so sollst du's tun.
Mach das kleine Lädel auf,
steck du ihn ins Hühnerhaus.
So sollst du's tun,
so und so sollst du's tun.«

»Ach Mutter, liebste Mutter mein,
wie soll ich tun,
wie und wie soll ich tun?
Da fangen die Hühner zu kreischen an,
denn sie meinen, der Weih kommt an.
Wie soll ich tun,
wie und wie soll ich tun?«

»Ach Tochter, liebste Tochter,
so sollst du's tun,
so und so sollst du's tun.
Tu ihm eine Paar rote Buchsen an,
so meinen die Hühner, es wär der Hahn.
So sollst du's tun,
so und so sollst du's tun.«

Kommt, ihr Jungfern, helft mir klagen,
denn mein Jungfernkranz ist fort.
Ei, so möcht ich schier verzagen,
wenn ich denk an jenen Ort,
wenn ich denk an jenen Morgen,
wo ich bin verführet worden.
Drum bewein ich alle meine Not:
Mein schöner grüner Jungfernkranz ist fort.

Hänschen, bringe mir das Kränzchen,
das du mir geraubet hast
dort bei jenem Spiel und Tänzchen,
da du mir nachgetrachtet hast.
Jetzund tust du mich auslachen,
tust mir nichts als Kummer machen.
Drum bewein ich alle meine Not:
Mein schöner grüner Jungfernkranz ist fort!

Nehmt mir weg den schönen Spiegel,
weil ich blass bin von Gesicht,
jetzund hängen mir die Flügel,
weil ein jeder zu mir spricht:
Mädel, mit dir ist's nicht richtig,
deine Sachen sind hoch und wichtig.
Drum bewein ich alle meine Not:
Mein schöner grüner Jungfernkranz ist fort!

Alle Schlösser, die zerbrochen,
kann man wieder bauen auf.
Ist der Jungfernkranz zerbrochen,
niemand bringt ihn zum Verkauf.
Könnt die ganze Welt auslaufen,
bringt nicht solchen Kranz zu kaufen.
Drum bewein ich alle meine Not:
Mein schöner grüner Jungfernkranz ist fort!

Wie schön leucht' uns der Morgenstern!
  Juck, juck, juck, der Morgenstern.
Bei meinem Schatz, da schlaf ich gern!
  Juck, juck, juck, da schlaf ich gern.

Bei meinem Schatz, da ist gut liegen!
  Juck, juck, juck, da ist gut liegen.
Es blieb ein halbes Jahr verschwiegen!
  Juck, juck, juck, blieb verschwiegen.

Es blieb verschwiegen ein halbes Jahr!
  Juck, juck, juck, ein halbes Jahr,
bis dass das Mädchen schwanger war!
  Juck, juck, juck, schwanger war.

Ein halbes Jahr, das ist nicht lang!
  Juck, juck, juck, das ist nicht lang,
bis dass dem Mädchen wird so bang!
  Juck, juck, juck, wird so bang.

»Ach, Mutter, mir tut mein Bauch so weh!
  Juck, juck, juck, mein Bauch so weh.«
»Geh in' Gart'n und zupf dir'n Tee!
  Juck, juck, juck, zupf dir'n Tee.«

»Ach, Mutter, da hilft kein Tee nicht mehr!
  Juck, juck, juck, kein Tee nicht mehr.
In meinem Bauch, da zappelt's sehr!
  Juck, juck, juck, da zappelt's sehr.«

»Geh in den Gart'n, reiß dir ein Kraut!
  Juck, juck, juck, reiß dir ein Kraut.
Mach dir ein Salb'n und schmier dein' Bauch!
  Juck, juck, juck, schmier dein' Bauch.«

»Ja, Mutter, da hilft kein Schmiern nicht mehr!
  Juck, juck, juck, kein Schmiern nicht mehr.
Es ist schon groß und krabbelt sehr!
  Juck, juck, juck, und krabbelt sehr.

Es ist schon groß und nicht mehr klein!
  Juck, juck, juck, und nicht mehr klein.
Es wird ein kleiner Tambour sein!
  Juck, juck, juck, Tambour sein.«

»Und ist's schon so, so wird's ein Mann!
  Juck, juck, juck, so wird's ein Mann,
der wieder andre machen kann!
  Juck, juck, juck, machen kann.«

Es reisen drei Klingschmied wohl über den Rhein,
bei einer Frau Wirtin da kehren sie ein.

»Frau Wirtin, hamt Sie a guates Bier und Wein,
bringen Sie's doch den lustign Klingschmieden
herein!«

»Guats Bier und Wein, das ham ma wohl,
Das einer Frau Wirtin gebühren soll.«

»Frau Wirthin, hamt Sie ein schönes Töchterlein,
bringen Sie's doch den lustign Klingschmieden
herein!«

»Mein Töchterlein is noch viel zu klein,
sie muss noch ein paar Jahrl bleiben allein!«

»Frau Mutter, ich bin schon eben recht,
ich hab schon geschlafen bei unsern Hausknecht.«

»Was, du hast schon geschlafen bei unsern
Hausknecht,
ast bist a für Fürschtn und Grafen schon recht.«

»Koan Fürschtn, koan Grafen, den heirat i net,
an lustinga Klingschmied versag i's net.

A lustinga Klingschmied, den muss i habn,
i wurdt man ja gern von der Erd ausgrabn.

A lustinga Klingschmied, der muss halt sein,
und sollt er neun Klafter in der Erd drein sein.«

Einmal eins ist eins,
die Gustl bekommt was Klein's.
Ja, einmal eins ist eins,
die Gustl bekommt was Klein's.
Aber immer noch fidel, fidel, fidel, fidel –
bei der Nacht!
Aber immer noch fidel, fidel, fidel, fidel!

Einmal vier ist vier,
ich kann ja nichts dafür.

Einmal sechs ist sechs,
sie liegt im Bett und krächzt.

Zweimal fünf ist zehn,
wer will zur Hebamm gehn?

Zweimal vier ist acht,
wer hat das Kind gemacht?

Einmal elf ist elf,
ach, lieber Herrgott, helf!
Ja, einmal elf ist elf,
ach, lieber Herrgott, helf!
Aber immer noch fidel, fidel, fidel, fidel –
bei der Nacht!
Aber immer noch fidel, fidel, fidel, fidel!

Es ging einmal ein verliebtes Paar
wohl in den Wald spazieren,
der Jüngling, der ihr untreu war,
wollt sie im Wald verführen.

Er nahm sie bei der rechten Hand
und führt' sie ins Gesträuche,
er sprach: »Mein Kind, mein Engel mein,
hier sollst du Freud genießen!«

»Ach, was für Freude soll das sein,
die ich hier soll genießen?
Es ist gewiss mein Todesgrab,
das du für mich bereitet hast!«

Darauf gab er ihr den ersten Stoß –
Herzliebchen sank zu Boden.
Sie schrie: »O weh, o lass das sein,
ich sterb vor lauter Schmerzenspein!«

Darauf gab er ihr den zweiten Stoß –
Herzliebchen sank zu Boden.
Sie schrie: »O weh, o lass das sein,
ich sterb vor lauter Schmerzenspein!«

Darauf gab er ihr den dritten Stich –
Herzliebchen sank zu Boden.
Sie schrie: »Wenn das mein Vater wüsst,
der hier im Walde Förster ist!«

Da kam der Vater in den Wald
und sah sein Kind da liegen.
Er sprach: »Was hast du Bösewicht
hier im Walde angericht'!«

Ach Mutter, liebe Mutter,
wann kommt dann die Zeit,
dass mir mein jung Herzl
wird einmal erfreut?
Und sollt ich noch länger
ausstehen diese Pein,
viel lieber wollt ich
kein Jungfer mehr sein.«

»Ach, ach, liebe Tochter,
ach, red nicht zu viel,
du bist noch sehr junge,
verstehst noch nicht viel.
Gewöhn dir viel lieber
die Haushaltung an,
alsdann so find't sich,
alsdann so schickt sich
vor dich doch kein Mann.«

»Ja, ja, liebe Mutter,
ihr habet schon recht,
euch liebet der Vater
und ihr den Hausknecht.
Mich aber, mich aber
liebet niemand,
ei, ei, pfui der Teufel,
ist das nicht ein Schand!«

»Still, still, liebe Tochter,
und red nichts von mir,
ich hab mich besonnen,
einen Mann z' geben dir.
Und stehet dir etwan
der Michel nicht an,
alsdann so schickt sich,
alsdann so find't sich
vor dich noch ein Mann.«

»Ach Mutter, liebe Mutter,
ich geb mich zufried,
will euch aber bitten,
vergesst meiner nit,
und sollt ich bekommen
bis Fastnacht kein Mann,
so zünd ich das Haus an,
lauf auf und davon.«

»Ei ja, liebe Tochter,
das geht ja nicht an,
das Haus anzuzünden,
lauf'n auf und davon.
Und wenn du das tust,
soll das dein Lohn sein,
zeitlebens, zeitlebens
ins Zuchthaus hinein.«

»Ei ja, liebe Mutter,
ich mach mir nichts draus,
ins Zuchthaus zu gehen,
ist auch ein schön Haus.
Und sollt ich noch länger
ausstehen die Pein,
viel lieber wollt ich
kein Jungfer mehr sein!«

Mein Liebchen hat ein Ärschelein

Schweig nur still,
darfst nicht viel sagen,
zwischen zwei Bäumlein
wollen wir eins wagen.

Auf dem Baum
wachsen Melonen,
unterm Baum
ist es gut wohnen.

Auf dem Baum
wachsen viel Kirschen,
unterm Baum
ist es gut schwetzen.

Auf dem Baum
wachsen viel Rosen,
unterm Baum
ist es gut kosen.

Auf dem Baum
wachsen viel Feigen,
unterm Baum
ist es gut schweigen.

Auf dem Baum
wachsen Ziweden,
unterm Baum
ist es gut überreden.

Auf dem Baum
wachsen viel Nüsse,
unterm Baum,
wenn sie herunterfalln,
beiß auf und isse.

Auf dem Baum
wachsen viel Äpfel,
unterm Baum
fallen viel Tröpfel.

Auf dem Baum
wachsen viel Pflaumen,
ich steck die Finger ’nauf,
leck du die Daumen.

Mein Liebchen hat zwei Äugelein,
mein Liebchen hat zwei Aug'n.
Wenn ich drein schaue, wupp, wupp, wupp,
wie sind sie blaue, wupp, wupp, wupp,
woran ich meine, meine Freude hab.

Mein Liebchen hat ein Mündelein,
mein Liebchen hat ein Mund.
Wenn ich drauf küsse, wupp, wupp, wupp,
wie ist's so süße, wupp, wupp, wupp,
woran ich meine, meine Freude hab.

Mein Liebchen hat ein Brüstelein,
mein Liebchen hat ein Brust.
Wenn ich drauf liege, wupp, wupp, wupp,
geht's wie ne Wiege, wupp, wupp, wupp,
woran ich meine, meine Freude hab.

Mein Liebchen hat ein Löchelein,
mein Liebchen hat ein Loch.
Wenn ich drein fahre, wupp, wupp, wupp,
dann flieg'n die Haare, wupp, wupp, wupp,
woran ich meine, meine Freude hab.

Mein Liebchen hat ein Ärschelein,
mein Liebchen hat ein' Arsch.
Wenn ich dran greife, wupp, wupp, wupp,
steht mir die Pfeife, wupp, wupp, wupp,
woran ich meine, meine Freude hab.

Schön schwarzbraunes Mädchen,
du hast einen wunderschönen Mund.
Der schöne Mund g'hört deine,
das Küssen drauf g'hört meine,
so küssen's wir die ganze Nacht,
die ganze Nacht alleine.«
»Küssen kannst du, küssen darfst du,
aber, aber beißen darfst du nicht!«

»Schön schwarzbraunes Mädchen,
du hast eine wunderschöne Brust.
Die schöne Brust g'hört deine,
das Greifen drauf g'hört meine,
so greifen's wir die ganze Nacht
die ganze Nacht alleine.«
»Greifen kannst du, greifen darfst du,
aber, aber zwicken darfst du nicht!«

»Schön schwarzbraunes Mädchen,
du hast einen wunderschönen Bauch.
Der schöne Bauch g'hört deine,
das Liegen drauf g'hört meine,
so liegen's wir die ganze Nacht,
die ganze Nacht alleine.«
»Liegen drauf kannst du, liegen darfst du,
aber, aber drücken darfst du nicht!«

»Schön schwarzbraunes Mädchen,
du hast eine wunderschöne Hobelbank.
Die Hobelbank g'hört deine,
das Hobeln drauf g'hört meine,
so hobeln's wir die ganze Nacht,
die ganze Nacht alleine.«
»Hobeln kannst du, hobeln darfst du,
aber, aber schneiden darfst du nicht!«

»Schön schwarzbraunes Mädchen,
du hast einen wunderschönen Wald.
Der schöne Wald g'hört deine,
das Jagen drin g'hört meine,
so jagen's wir die ganze Nacht,
die ganze Nacht alleine.«
»Jagen kannst du, jagen darfst du,
aber, aber schießen darfst du nicht!«

»Schön schwarzbraunes Mädchen,
du hast ein wunderschönes Vogelhaus.
Das Vogelhaus g'hört deine,
der Vogel drin g'hört meine,
so vögeln's wir die ganze Nacht,
die ganze Nacht alleine.«
»Vögeln kannst du, vögeln darfst du,
aber, aber fangen darfst du nichts!«

Schönes Jungferlieschen, schwarzbraunes
Mädchen,
darf ich denn nicht einmal zu dir kommen,
wenn ich will?«
»Zu mir kannst du kommen bis vor die Haustür,
aber, aber weiter darfst du mir nicht.«
Es muss noch besser gehn, er muss noch steifer
stehn,
die Welt ist rund und muss sich drehn.

»Schönes Jungferlieschen, schwarzbraunes
Mädchen,
darf ich denn nicht einmal zu dir kommen,
wenn ich will?«
»Zu mir kannst du kommen bis vor die Gartentür,
aber, aber weiter darfst du mir nicht.«
Es muss noch besser gehn, er muss noch steifer
stehn,
die Welt ist rund und muss sich drehn.

»Schönes Jungferlieschen, schwarzbraunes
Mädchen,
darf ich denn nicht einmal zu dir kommen,
wenn ich will?«
»Zu mir kannst du kommen bis vor die
Kammertür,
aber, aber weiter darfst du mir nicht.«
Es muss noch besser gehn, er muss noch steifer
stehn,
die Welt ist rund und muss sich drehn.

»Schönes Jungferlieschen, schwarzbraunes
Mädchen,
darf ich denn nicht einmal zu dir kommen,
wenn ich will?«
»Zu mir kannst du kommen bis vor das Bette,
aber, aber weiter darfst du mir nicht.«
Es muss noch besser gehn, er muss noch steifer
stehn,
die Welt ist rund und muss sich drehn.

»Schönes Jungferlieschen, schwarzbraunes
Mädchen,
darf ich denn nicht einmal zu dir kommen,
wenn ich will?«
»Zu mir kannst du kommen bis vor die Ruschel
Buschel,
aber, aber weiter darfst du mir nicht.«
Es muss noch besser gehn, er muss noch steifer
stehn,
die Welt ist rund und muss sich drehn.

Neulich kam ich zu Lisettgen,
als sie lag in ihrem Bettgen,
krank an Sinnen, schier halbtot.
Ihre rotgefärbten Wangen
waren ganz und gar vergangen,
nur ein bisschen sah sie rot.

Ich besah sie vorn und hinten,
konnte gleichwohl nichts nicht finden,
das ihr etwan tödlich wär.
Ich begriff ihr Puls und Hände,
da sprach sie so gar behende:
Ach, wer ist dann bei mir da?

Ach, mein schönstes Kind, Lisettgen,
rief ich zu ihr in das Bettgen.
Wie liegt sie so seltsam hier?
Nicht ein Wörtgen sprach sie weiter,
und ihr Odem ging so schwer,
kaum der Busen regt sich ihr.

Und ich nahm mich an nun ihrer,
lief hin alsbald zum Balbierer,
der auch eilends mit mir ging.
Er soll ihr die Ader lassen,
ich wollt den weißen Arm erfassen,
es war ein gefährlich Ding.

Drauf nahm er sein kurz Lanzettgen,
stach damit die schön Lisettgen
mitten in die Median,
dass der Saft heraußerging.
Ich schrie: sachte mit dem Ding! –
Nein, sprach sie, nur besser dran.

Sie hielt stille wie ein Lämmgen,
ob ihr gleich in ihrem Schrämmgen
wunderlich darüber ging.
Und sobald es war geschehen,
hub sie wieder aufzusehen,
lächelt auch, das liebe Ding.

Der Balbier Lisettgen fragte:
Wie es ihr denn nun behagte.
Nahm ein weißes Sälbelein,
schmierte das auf ihre Narbe,
bald bekam sie ihre Farbe,
wurde wieder hübsch und fein.

Und sobalde sie sich wieder
würde kränklich legen nieder,
sollte sie sich allezeit
ihre Adern lassen schlagen,
da sie dann von ihren Plagen
stündlich würde sein befreit.

Ich weiß ein Mägdelein schön und fein,
ich weiß ein Mägdelein schön und fein,
wenn ich sie sehe, möcht ich vergehe.
  Immer wohlan, wohlan, hab Freude dran,
  immer wohlan, wohlan, hab Freude dran.

Sie hat ein Bäuchelein schön und fein,
sie hat ein Bäuchelein schön und fein,
wenn ich drauf liege, ist's wie in der Wiege.
  Immer wohlan, wohlan, hab Freude dran …

An dem Bäuchelein hat sie ein Sträuchelein,
an dem Bäuchelein hat sie ein Sträuchelein,
wenn ich dran greife, steht mir die Pfeife,
  Immer wohlan, wohlan, hab Freude dran …

Ich hatt einmal ein Mädel lieb,
und immer unten rum,
das Mädel hatt mich wieder lieb,
und immer unten rum.

Wir lebten so wie Mann und Weib,
und immer unten rum,
das war der beste Zeitvertreib,
und immer unten rum.

Ich griff einmal auf andre Art,
und immer unten rum,
da schrie sie gleich, du böser Mann,
noch besser unten rum.

Nun aber lieb ich sie nicht mehr,
und immer unten rum,
sie hat mit andern ihr'n Verkehr,
und immer unten rum.

Denn wo ein jeder naschen kann,
und immer unten rum,
das leidet ja kein braver Mann,
und immer unten rum.

Ich bin ein lustiger Jägersknecht,
schieß auch recht,
schieß mir einen goldnen Specht.
Dieser Specht trägt goldne Federn,
fliegt ins Gebüsch,
wenn ich ihn erwisch,
schieß ich ihm aufs Leder.

Was ein Jäger haben soll,
hab ich wohl,
all mein Taschen, die sein voll,
schönes Pulver, Blei und Kugel
schieß ich so fix
aus meiner Büx
nach diesem Vogel.

Ich ging die Linden hin und her
mit Gewehr,
wollt' auch sehn, was da passier'.
Aber da war nichts zu finden,
hier und dort,
an jenem Ort
bei den Linden.

Ich ging vor der Kammertür
mit Pläsier,
wollt auch sehn, was da passier'.
Sie hebt das Röcklein in die Höh,
vor ihrem Bett
stund sie ganz nett
und jagt die Flöh.

Hat sie mir kein Wort gesagt
von der Jagd,
hätt so gerne mitgemacht,
sollt mich alles nichts verdrießen,
und sollt ich auch
die ganze Nacht
kein Wildbret schießen.

Als die Jagd nun war getan,
fing sie an:
Mutter, schaff sie mir ein' Mann.
Einen Mann von zwanzig Jahren,
jetzt ist Zeit,
wo mich's erfreut
nach Lieb zu fahren.

Krieg ich dann noch keinen Mann,
fang ich an,
fang ich andre Wirtschaft an,
fang ich an das schöne Leben
und sag: Gut Nacht!
Mein' Jungfrauschaft
muss ich aufgeben.

Einst ging ich am Ufer der Donau entlang,
ohohoholalala,
ein schlafendes Mädchen am Ufer ich fand,
ohohoholalala.

Sie hatte die Beine weit von sich gestreckt,
ohohoholalala,
ihr schneeweißer Busen war halb nur bedeckt,
ohohoholalala.

Ich machte mich über die Schlafende her,
ohohoholalala,
sie hörte das Rauschen der Donau nicht mehr,
ohohoholalala.

Du kerblichter Bursche, was hast du vollbracht,
ohohoholalala,
du hast mich im Schlafe zur Mutter gemacht,
ohohoholalala.

Jetzt hab ich zwölf Kinder und doch keinen Mann,
ohohoholalala,
was fang ich denn nur mit dem dreizehnten an,
ohohoholalala.

Mein Mädchen, mein Mädchen, was regst du dich
auf,
ohohoholalala,
für mich war es schön und für dich sicher auch,
ohohoholalala.

Hier hast du 'nen Heller und geh bald nach Haus,
ohohoholalala,
und wasch dir den Schnickschnack mit Kernseife raus,
ohohoholalala.

Ich stand auf der Brücke und schwenkte den Hut,
ohohoholalala,
ade, junge Maid, ja die Nummer war gut,
ohohoholalala.

Und die Moral von der Geschicht,
ohohoholalala,
schlafende Mädchen, die vögelt man nicht,
ohohoholalala.

Mädchen mit dem blauen Auge, komm mit mir,
dass ich Liebeswonne sauge, folge mir.
Draußen in dem stillen Tale
bei des blassen Mondes Strahle wandeln wir.

Wandeln wir zur Silberquelle, die da rauscht,
wo auf jeder kleinen Welle Amor lauscht.
Da will ich dich mit Entzücken
an mein pochend Herze drücken, unbelauscht.

Ich küss dich, du küsst mich wieder, stets geküsst,
sinken wir zur Quelle nieder, die da fließt.
Reiß den Vorhang von der Grotte,
so dem kleinen Liebesgotte heilig ist.

Ha! dein Busen, oh, da blühen Lilien auf!
Und zwei Rosenknösp'gen glühen oben drauf.
Zwischen diesen Rosenhügeln
gaukelt Amor mit den Flügeln oben drauf.

Meisterstück von Schöpfers Händen der Natur,
Mädchen, du hast schöne Lenden, zeig sie nur.
Wie das junge Schilf am Moose
sprosst das Haar aus deinem Schoße, lächle nur.

Lass in deinen Schoß mich sinken, lasse mich
aus der Wollust Schale trinken, lege dich.
Rot wie eine Meerkoralle
ist der Mund der Opferschale, jungfräulich.

Mädchen, zwischen deinen Füßen mach mir
Raum,
ganz, ganz will ich dich genießen, süßer Traum.
Siehe, wie dein Haar jetzt glänzet,
so der Liebesgott umgrenzet, Silbertraum.

Nun das Opfer unsrer Liebe ist vollbracht,
Mädchen, du hast süße Triebe, Zauberkraft.
Engel sollen dich begleiten
dir ein sanftes Bett bereiten, gute Nacht.

Ein Ritzchen jung und auch noch feucht,
das kaum die ersten Härchen zeigt,
wie's junge Grün am Bäumchen:
Die Dinger nennt man Pfläumchen.

Wenn's unterm seidnen Unterrock
und blendend weißen Höschen
hervorlugt wie ein Röschen:
Die Dinger nennt man Möschen.

Wenn's unterm woll'nen Unterrock
hervorstinkt wie beim Ziegenbock,
dass man sich möchte kotzen:
Die Dinger nennt man Fotzen.

Meine Alte, des is' e kalte,
sie hat e haarig Pistol.
Vorne schallt se un' hinne knallt se
un' in der Mitt' is' se hohl.

Mein Liebchen hat ein Etwas,
das ist so zart, so süß.
Und dieses kleine Etwas,
das ist mein Paradies.

Ich will es nicht behaupten,
dass sie allein es hat;
es hat's ein jedes Mädchen
im Dorf und in der Stadt.

Die eine hat's für viele,
die andre hat's für sich.
Da lob ich mir mein Mädchen,
die hat es nur für mich.

Und dieses kleine Etwas,
das ist ihr Rosenmund,
und wer was andres dachte,
das ist ein Schweinehund.

Eins, zwei, drei –
nun sind wir unser vier.
Wer kauft denn dem Mädel das Bier?
Ich, Bruder! Du Bruder? Jawohl, Bruder!
So ist's recht, Bruder!
Ei, und so gedacht in all meinem Sinn:
Kaufe du dem Mädel das Bier immerhin!
Steh aber auf und lass uns rein,
du schwarzbraunes Mädelein!

Eins, zwei, drei –
nun sind wir unser fünf.
Wer strickt denn dem Mädel die Strümpf?
Ich, Bruder! Du Bruder? Jawohl, Bruder!
So ist's recht, Bruder!
Ei, und so gedacht in all meinem Sinn:
Stricke du dem Mädel die Strümpf immerhin!
Steh aber auf und lass uns rein,
du schwarzbraunes Mädelein!

Eins, zwei, drei –
nun sind wir unser sechs.
Wer macht denn dem Mädel das Bett?
Ich, Bruder! Du Bruder? Jawohl, Bruder!
So ist's recht, Bruder!
Ei, und so gedacht in all meinem Sinn:
Mache du dem Mädel das Bett immerhin!
Steh aber auf und lass uns rein,
du schwarzbraunes Mädelein!

Eins, zwei, drei –
nun sind wir unser sieben.
Wer will sich ganz nah zu dem Mädel hinschieben?
Ich, Bruder! Du Bruder? Jawohl, Bruder!
So ist's recht, Bruder!
Ei, und so gedacht in all meinem Sinn:
Schiebe du dich zum Mädel immerhin!
Steh aber auf und lass uns rein
zu dem schwarzbraunen Mädelein!

Eins, zwei, drei –
nun sind wir unser acht.
Wer hat dem Mädel denn das Kind gemacht?
Ich, Bruder! Du Bruder? Jawohl, Bruder!
So ist's recht, Bruder!
Ei, und so gedacht in all meinem Sinn:
Mache du dem Mädel das Kind immerhin!
Steh aber auf und lass uns rein
zu dem schwarzbraunen Mädelein!

Eins, zwei, drei –
nun sind wir unser neun.
Wer will denn von dem Kinde der Vater sein?
Ich, Bruder! Du Bruder? Jawohl, Bruder!
So ist's recht, Bruder!
Ei, und so gedacht in all meinem Sinn:
Sei du von dem Kinde der Vater immerhin!
Steh aber auf und lass uns rein
zu dem schwarzbraunen Mädelein!

Eins, zwei, drei –
nun sind wir unser zehn.
Nun wolln wir alle in die Kammer gehen.
Alle Brüder? Jawohl, Bruder! Es ist recht, Bruder!
Ei, und so gedacht in all meinem Sinn:
Gehn wir bei dem Mädel in die Kammer alle rin!
Steh auf und lass uns rein.
du schwarzbraunes Mädelein!

Dass ihm die Rübe steh

Wir wollen jetzt eins singen
von der Bomerasasa,
es wird uns schon gelingen
in der schönen Ritiolala.

Die Herren Studenten, so artig als sie sind,
zumal sie sitzen beim Bier und beim Wein,
so ist ja ihr Vergnügen,
ein Mädchen dranzukriegen.

Wir wollen jetzt eins singen ...

Der Schiffer zu Wasser ja große Reisen macht,
drum schläft er bei seinem Mädchen die liebe
lange Nacht.
Es tut ihn auch nicht frieren,
sie tut das Ruder führen.

Wir wollen jetzt eins singen ...

Der Schuster, so pechschmierig, so pechig als er ist,
wenn er einem Mädchen die Schuhe vermisst,
so denkt er gleich verstohlen,
ach, könnt ich sie versohlen.

Wir wollen jetzt eins singen ...

Der Barbierer, der läuft ja den lieben langen Tag
mit seinem Schmierbeutel den schönen Mädchen nach.
Er tut drauf studieren:
Ach, könnt ich sie balwieren.

Wir wollen jetzt eins singen …

Der Strumpfweber hat stets heiteres Gemüt,
wenn er einem Mädchen die Strümpfe anzieht,
greift er mit beiden Händen
ganz keck nach ihren Lenden.

Wir wollen jetzt eins singen …

Der Schneider, so bucklig, so krumm als er ist,
doch wann er den Mädchen die Kleider anmisst,
da sieht er ihre Brüste
und kriegt er gleich die Lüste.

Wir wollen jetzt eins singen …

Der Wagner, der macht uns die schönsten neuen Wagen,
wenn er ein schön Mädchen sieht, so nimmt er sie beim Kragen.
Und will sie ihm entweichen,
setzt er ihr ein Speichen.

Wir wollen jetzt eins singen …

Der Rabe hat ein schwarz Gefieder,
und das Mädchen hat ein enges Mieder,
und der Rabe hat ’nen schwarzen Glanz,
und das Mädchen liebt so sehr den eins, zwei, drei.
Was geht das uns an, das geht uns gar nichts an,
es war ja nur die Red davon,
von vorn nach hint’, von hint’ zurück,
was geht das uns an, das geht uns gar nichts an,
es war ja nur die Red davon.

Der Bauer hat ’nen großen Acker,
und das Mädchen hält sich immer wacker,
und der Bauer hat ’nen großen Pflug,
und das Mädchen hat ’ne große eins, zwei, drei.
Was geht das uns an …

Die Matrosen fuhren übers Wasser,
und das Mädchen wurde immer blasser,
und die Matrosen spannten ihre Segeln,
und das Mädchen wollte gerne eins, zwei, drei.
Was geht uns das an …

Der Brauer füllte seine Fässer,
und das Mädchen wurde immer nässer,
und der Brauer füllte seinen Schlauch,
und das Mädchen kriegt ’nen großen eins, zwei, drei.
Was geht uns das an …

Ich bin der Herr Uhrmacher,
ein sehr geschickter Mann,
ich trage einem jeden
mein Handwerk stets an.
Besonders den jungen Damen,
den'n mach ich die Uhr,
und wenn es drauf ankommt
eine kleine Reparatur.

Einst kam eine junge Dame
mit ihrer Schwarzwälder Uhr,
sie klagte mir, sie bleibt stehen
um sechseinhalb Uhr.
Da nahm ich die Brille
und hab sie beschaut,
jedoch sie anfassen
hab ich mich nicht getraut.

Ich nahm meine Brille
und hab sie beschaut,
jedoch sie anfassen
hab ich mich nicht getraut.
Ich nehm den Perpendickel
zwei Gewichte daran,
auf einmal macht's Tiktak,
und die Uhr war in Gang.

»Ach, lieber Herr Uhrmacher,
das halt ich nicht aus.
Sie stoßen mir ja noch
das Zifferblatt hinaus.
Der Schlüssel ist zu groß
und die Öffnung zu klein.
Sie kommen mir ja noch
ins Räderwerk hinein!«

»Du närrisches Mädchen,
du musst doch verstehn,
ich nahm erst den Schlüssel
und fing an zu drehn.
Und als ich so drehte
und eh sie's bemerkt,
da spritzte klein wenig
weiß's Baumöl ins Werk.«

Ach teure Frau Müllerin, sei sie bereit,
wir bringen ihr sämtliche Männer heut,
es geht nicht mehr länger, sie werden zu alt,
für sämtliche Lebensfreuden zu kalt.

Müllerin:
»Somit nur, Freundinnen, kommt heran,
ich verjünge jeden Mann.
Gicht und Taubheit, Podagra
Rheumatismus, Cholera,
nasse Augen, breiten Mund,
alles mache ich gesund.
Traut mir nur, ich treib nicht Scherz,
bald verlässt euch euer Schmerz.«

Soll ich es, liebes Weibchen, wagen,
mein buckliges Gemäuer zu Markte zu tragen?
Das Beispiel reizt mich gar zu sehr,
wenn auch der Preis wohl teuer wär.

Der Spiel zeigt mir wirklich klar,
verjüngt bin ich um zwanzig Jahr.
Mein Karl, wie herzhaft ist dein Kuss
die Männermühl' ich loben muss.

Gevatter, nimm er meinen Rat,
er sieht's, die Mühle ist probat.
Nun frisch hinein und jung hinaus,
dann gibt er bald den Hochzeitsschmaus.

Ja seit der letzen Retirade
sah ich nicht solche Maskerade.
Versuchen will ich auch das Ding,
drum geh zur Müllerin ich hin.

Der Bettelmann mit seinem Stock,
der dicke Kavalier vom Bock,
Lisettens Mann, von Gicht besessen,
ein ganz Schiff voll solcher Hessen,
kurz alle nach der Mühle strömen
und sich zu dieser Kur bequemen.

Einst fuhr ich nach Berlin,
die Stadt mir anzusehen,
holderialo, holderiala,
einst fuhr ich nach Berlin,
die Stadt mir anzusehen,
holderialo, holderiala.

Da kam ich an ein Haus,
da guckt ne Alte raus,
holderialo, holderiala …

Mein Herr, was wünschen Sie
und was ist Ihr Begehr?
Holderialo, holderiala …

Ich möchte so ganz allein
bei Ihrer Tochter sein,
holderialo, holderiala …

Mein Herr, das schickt sich nicht,
meine Tochter lässt sich nicht
holderialo, holderiala …

Ach Mutter, ach lass ihn doch,
wozu hab ich das Loch,
holderialo, holderiala …

Ach Mutter, koch ihm Tee,
dass ihm die Rübe steh,
holderialo, holderiala …

Dem brauchst du nichts zu kochen
dem steht er wie ein Knochen,
holderialo, holderiala …

Ach Mutter, borg mir deine,
denn meine ist zu kleine,
holderialo, holderiala …

Die kann ich dir nicht borgen,
die braucht der Vater morgen,
holderialo, holderiala …

Du hast ja selber eine,
groß wie eine Bauernscheune,
holderialo, holderiala …

Und auf der Ofenbank,
da läuft der Schlamm entlang,
holderialo, holderiala …

Und am Laternenpfahl,
da machen sie's noch mal,
holderialo, holderiala …

Dann wurd ich arretiert,
ich hatt den Pfahl beschmiert,
holderialo, holderiala …

Mein Vater ist Dachdecker,
und Dachdecker bin ich.
Er steigt auf die Dächer,
auf die Mädel steig ich.

Mein Vater ist Fleischer,
und Fleischer bin ich.
Mein Vater sticht Kälber,
die Menscher stech ich.

Mein Vater ist Schuster
und Schuster bin ich.
Mein Vater nagelt Sohlen,
die Weiber nagel ich.

Meine Schwester spielt Zither,
mein Bruder Klarinett,
mein Vater spielt auf der Mutter,
des gibt ein Quartett.

Der Adam und die Eva,
die gingen übern Bach,
die Eva wollt geritten sein,
der Adam war zu schwach.

Der Hansel und die Gretel,
die gingen übers Feld,
die Gretel wollt gehockelt sein,
der Hansel hat kein Geld.

Ich ging einmal nach Hamburg rein
bei hellerlichtem Mondenschein.
Ich wollt mal strimpeln-strampeln, juvivallera,
juvivallera, die ganze Nacht.

Mein lieber Herr, komm'n Sie herein,
ich bin ja doch so ganz allein.
Hier könn'n Sie strimpeln-strampeln, juvivallera,
juvivallera, die ganze Nacht.

Da ging ich nun die Treppe hinauf,
sie machte mir die Türe auf.
Hier kannst du strimpeln-strampeln, juvivallera,
juvivallera, die ganze Nacht.

Wir legten uns aufs Kanapee,
da tat mir alles dann so weh.
Hier könn'n wir strimpeln-strampeln, juvivallera,
juvivallera, die ganze Nacht.

Da musst ich nun zehn Mark bezahln
und wusste nicht, für was es war.
Hier kannst du strimpeln-strampeln, juvivallera,
juvivallera, die ganze Nacht.

Dann eilt' ich nun zur Polizei
und zeigte an die Schweinerei.
Hier kannst du strimpeln-strampeln, juvivallera,
juvivallera, die ganze Nacht.

Es ging ein Schäfer untern Bäumen
und legte sich in Schatten hin,
alsbald da fing ihm an zu träumen,
wie er bei seiner Schäferin
nicht nur allein die Gunst verloren,
sie hätt ihm auch den Tod geschworen.

Er musste auch dazu verschmerzen,
wie sie bei einem andern saß
und ließ sich freundlich von ihm herzen,
sie legte sich der Läng nach Gras,
ließ sich begreifen wohl die Brüste,
als ob sie stillehalten müsste.

Sie hatte noch zu seinem Schoße
die wollweiche Hand gelegt,
die Lämmer nagten an dem Moose,
das die verfluchte Wurzel trägt,
und sehen zu bei jedem Bissen,
wie sie den Schäfer konnte küssen.

Sie lag ganz bloß und nackend oben,
es war ihr sommerleichter Rock
bis an die Knie hinauf gehoben,
sie labte seinen Schäferstock
mit seinem aufgegerbten Stiele,
der ihr so trefflich wohl gefiele.

Er legte sich auf sie fein sachte,
sie tat, als schlief sie trüber ein,
als wüsste sie nicht, was er machte.
»Ach Schäfer, was soll dieses sein?«,
sprach sie mit etwas sauer sehen,
als es schon alles war geschehen.

Sie gab ihm oft gar sauer Blicke
und sah ihn doch auch freundlich an,
beklagte ihm ihr Ungelücke,
wie dass er ihr zu viel getan,
und täte doch, als ob sie wollte,
dass er noch eins versuchen sollte.

Er sprach: »Du darfst dich nicht befahren,
ob es schon würd ein junger Sohn,
sobald er kommt zu seinen Jahren,
so soll er heißen Coridon;
würd sich das Widerspiel erweisen,
so soll er nach der Mutter heißen.«

Indes erwacht er aus dem Schlafe,
beklagte seine Liebespein,
verfluchte sich und seine Schafe,
die so verlassen mussten sein,
und dass er schlafend musste sehen,
was oft mal wachend war geschehen.

Drauf warf er Stab und Taschen nieder
und schrie aus voller Liebesmacht:
»Zu euch komme ich wohl schwerlich wieder,
ade, ihr Wesen, gute Nacht,
sagt, dass ein unglückhaftes Lieben
mich armen Schäfer hat vertrieben.«

Ich bin ein junges Weibchen
und hab ein alten Mann,
er kann mir nicht mehr helfen,
er kann mir nicht mehr an.

Schneeweiß sind meine Brüste,
mein Mund ist rosenrot,
und wenn das mancher wüsste,
der küsste mich zu Tod.

Ich koch ihm täglich Eier
und Selleriesalat,
es bleibt die alte Leier,
er steht ihm nimmer grad.

Ich lieg im Bett und spiele
an seinem Schneckenhaus,
er hat halt keine G'fühle:
der Schneck will nicht heraus.

Manchmal hat er den Willen
und stellt sich wie ein Held,
kommt's aber zum Erfüllen
so ist's gar schlecht bestellt.

Er wird darüber böse
und zeigt mir den Verdruss,
gibt mir nur leere Stöße,
die ich belachen muss.

Ich lieg im Bett und schwitze,
doch er, er bleibt eiskalt,
er hat halt keine Hitze,
er ist halt viel zu alt.

Drum Mädchen, lasst euch raten,
nehmt keinen alten Mann,
viel lieber einen jungen,
der's euch besorgen kann.

Ein Bauer aus dem Odenwald,
der hat 'ne schöne Frau,
doch dass die Dienstmagd schöner war,
das wusst er ganz genau.
Schieb ihn rein, schieb ihn rein,
schieb ihn langsam rein,
schieb ihn langsam, aber gut, aber gut,
schieb ihn nach, schieb ihn nach,
schieb ihn langsam nach,
dass nichts passieren tut.

Die Bäuerin zum Jahrmarkt ging,
der Bauer der war froh,
er nahm die Dienstmagd bei der Hand
und legte sie ins Stroh.
Schieb ihn rein, schieb ihn rein …

Die Bäuerin vom Jahrmarkt kam,
das Scheunentor stand auf,
die Dienstmagd in dem Strohe lag,
der Bauer obendrauf.
Schieb ihn rein, schieb ihn rein …

Die Bäuerin zum Bauer sprach:
»Was du tuest, ist nicht recht,
Wenn du es mit der Dienstmagd tust,
tu ich es mit dem Knecht.«
Schieb ihn rein, schieb ihn rein …

Die Bäuerin zum Knechte sprach:
»Geh her, moin liewer Hans,
vom letzte mol, do kenn ich noch,
doin scheene loange Sch...«
  Schieb ihn rein, schieb ihn rein ...

Und als ein Jahr vergangen war,
da gab's ein groß Geschrei,
die Dienstmagd einen Sohn gebar,
die Bäuerin derer drei.
  Schieb ihn rein, schieb ihn rein ...

Herr Pater,
das war wohlgetan

Die Mönche wollten ein Klösterlein bauen,
oho, aha, mhm, sososo,
für Männer eines und eines für Frauen,
oho, aha, mhm, sososo.
Mit allem klings-klangs gloria vidibummsfallera,
mit allem klings-klangs gloria vidibummsfallera.
Ora pro nobis.

Ein Pater stieg eine Leiter hinan,
oho, aha, mhm, sososo,
eine Nonn' sah dies von unten mit an,
oho, aha, mhm, sososo.
Und sah den klings-klangs gloria …

Herr Pater, Herr Pater, was ist denn das?
Oho, aha, mhm, sososo.
Unter Eurer Kutte, da baumelt doch was.
Oho, aha, mhm, sososo.
Ist das euer klings-klangs gloria …

Das ist mein Medizinerstab,
oho, aha, mhm, sososo,
womit ich die kranken Nonnen lab,
oho, aha, mhm, sososo.
Das ist mein klings-klangs gloria …

Herr Pater, Herr Pater, so labet auch mich,
oho, aha, mhm, sososo,
der Nonnen allerkränkste bin ich,
oho, aha, mhm, sososo.
  Mit eurem klings-klangs gloria …

Und er führte sie auf den unteren Gang,
oho, aha, mhm, sososo,
und labte sie dort drei Stunden lang,
oho, aha, mhm, sososo,
  mit seinem klings-klangs gloria …

Herr Pater, das war wohlgetan,
oho, aha, mhm, sososo,
drum fangt noch mal von vorne an,
oho, aha, mhm, sososo.
  Mit eurem klings-klangs gloria …

Und als vergangen dreiviertel Jahr,
oho, aha, mhm, sososo,
die Nonne ein geistlich Knäblein gebar,
oho, aha, mhm, sososo.
  Mit einem klings-klangs gloria …

Und die Moral von der Geschicht,
oho, aha, mhm, sososo,
wer's nicht versteht, der labe nicht,
oho, aha, mhm, sososo.
  Mit seinem klings-klangs gloria …

Martin Luther tat mit seiner Kathl die Vesper singen.
Er griff ihr auf das Zehelein.
Zehlein, Zehlein, Zenzilorium.
Das war dem Martin Luther sein Principium.

Martin Luther tat mit seiner Kathl die Vesper singen.
Er griff ihr auf das Fersilein.
Fersilein, Zehlein, Zenzilorium.
Das war dem Martin Luther sein Principium.

Martin Luther tat mit seiner Kathl die Vesper singen.
Er griff ihr auf das Wadilein.
Wadilein, Fersilein, Zehlein, Zenzilorium.
Das war dem Martin Luther sein Principium.

Martin Luther tat mit seiner Kathl die Vesper singen.
Er griff ihr auf das Knieelein.
Knieelein, Wadilein, Fersilein, Zehlein, Zenzilorium.
Das war dem Martin Luther sein Principium.

Martin Luther tat mit seiner Kathl die Vesper singen.
Er griff ihr auf das Schenkilein.
Schenkilein, Knieelein, Wadilein, Fersilein, Zehlein,
Zenzilorium.
Das war dem Martin Luther sein Principium.

Martin Luther tat mit seiner Kathl die Vesper singen.
Er griff ihr auf das Mündilein.
Mündilein, Schenkilein, Knieelein, Wadilein,
Fersilein, Zehlein, Zenzilorium.
Das war dem Martin Luther sein Principium.

Martin Luther tat mit seiner Kathl die Vesper singen.
Er griff ihr auf das Halsilein.
Halsilein, Mündilein, Schenkilein, Knieelein,
Wadilein, Fersilein, Zehlein, Zenzilorium.
Das war dem Martin Luther sein Principium.

Martin Luther tat mit seiner Kathl die Vesper singen.
Er griff ihr auf das Brüstilein.
Brüstilein, Halsilein, Mündilein, Schenkilein,
Knieelein, Wadilein, Fersilein, Zehlein,
Zenzilorium.
Das war dem Martin Luther sein Principium.

Martin Luther tat mit seiner Kathl die Vesper singen.
Er griff ihr auf das Nabilein.
Nabilein, Brüstilein, Halsilein, Mündilein,
Schenkilein, Knieelein, Wadilein, Fersilein, Zehlein,
Zenzilorium.
Das war dem Martin Luther sein Principium.

Martin Luther tat mit seiner Kathl die Vesper singen.
Er griff ihr auf das Pim-pam-pum-pumpilein.
Pim-pam-pum-pumpilein, Nabilein, Brüstilein,
Halsilein, Mündilein, Schenkilein, Knieelein,
Wadilein, Fersilein, Zehlein, Zenzilorium.
Das war dem Martin Luther sein Principium.

Es wohnt in einem Pfarrerhaus
ein wunderschönes Kind,
sie war so schön, sie war so zart,
wie andre Mädchen sind.

Der Pfarrer sprach bei seiner Ehr:
Häng deinen Rock zu meinem her
alldort an jenen Nagel hin,
kein Dieb den Rock nicht findt.

Des Pfarrers und der Köchin Rock
hingen am Nagel dran.
Sie schliefen beisammen im oberen Stock
wie andre Frau und Mann.

Des Pfarrers Rock hing oben drauf,
er küsst das Mädchen oben drauf.
Und was geschah in einem Jahr?
Der Rock verdoppelt war.

Der Pfarrer saß bei einem Tisch
bei einem Hochzeitsschmaus.
Er stürzet da ganz wunderlich
die vollen Gläser aus.

Es klopft ganz leise an die Tür,
der Pfarrer sprach: »Herein zu mir!«
»Ach Pfarrherr, Pfarrherr, lauf geschwind,
die Köchin kriegt ein Kind!«

»Ach, soll denn dies die Wahrheit sein?«,
sprach Pfarrherr und lief fort.
Er eilet geschwind zur Köchin ’nein
und gab ihr gute Wort.

»Ach was denn das für Streiche sind,
verflixt sei dies und jenes Ding!
Häng deinen Rock ja nimmermehr
an meinen Nagel her!«

Der Pfaff von Fidemannsbrunn, wiederum,
der Pfaff von Fidemannsbrunn,
der hat viel Gast geladen, truderiderallala,
der hat viel Gast geladen, dazu eine schöne Nonn.

Er schickt die Magd nach Wein, wiedewein,
er schickt die Magd nach Wein,
sie soll vom besten holen, truderiderallala,
sie soll vom besten holen, der in der Stadt mag sein.

Die Magd, die blieb lang aus, wiederaus,
die Magd, die blieb lang aus.
»Wo bist du Luder gewesn, truderiderallala,
wo bist du Luder gewes'n, wohl in dem
Hurenhaus?«

Die Magd, die fegt das Haus, wiedewaus,
die Magd, die fegt das Haus,
und was sie in dem Kehricht fand, truderiderallala,
und was sie in dem Kehricht fand,
ein Fuchsschwanz, der war lang.

Die Frau, die nahm den Brand, wiedewand,
die Frau, die nahm den Brand.
Und schlug der armen Dienstmagd,
truderiderallala,
und schlug der armen Dienstmagd
den Fuchsschwanz aus der Hand.

Dies Liedelein ist aus, wiedewaus,
dies Liedelein ist aus
und wer ein hübsches Mädel hat, truderiderallala,
und wer ein hübsches Mädel hat, der nehm sie mit
nach Haus.

Dies Liedelein ist nett, wiedewett,
dies Liedelein ist nett,
und wer ein hübsches Mädel hat, truderiderallala,
und wer ein hübsches Mädel hat, der nehm sie mit
ins Bett.

Es wollt ein Bauer früh aufstehn,
wollt 'naus in seinen Acker gehn.
Falterieta rallala, falterietara.

Und als der Bauer nach Hause kam,
da wollt' er was zu fressen ha'm.
Falterieta rallala, falterietara.

»Ach, Lischen, koch mir Hirsebrei
mit Bratkartoff', ein Spiegelei.«
Falterieta rallala, falterietara.

Und als der Bauer saß und fraß,
da rumpelt in der Kammer was.
Falterieta rallala, falterietara.

»Ach, liebe Frau, was ist denn das?
Da rumpelt in der Kammer was.«
Falterieta rallala, falterietara.

»Ach, lieber Mann, das ist der Wind,
der raschelt da am Küchenspind.«
Falterieta rallala, falterietara.

Der Bauer sprach: »Will selber sehn,
will selber 'naus in d' Kammer gehn.«
Falterieta rallala, falterietara.

Und als der Bauer in d' Kammer kam,
stand der Pfaff da, zog sein Hosen an.
Falterieta rallala, falterietara.

»Ei Pfaff, was machst in meinem Haus?
Ich werf dich ja sogleich hinaus.«
Falterieta rallala, falterietara.

Der Pfaff, der sprach: »Was ich verricht?
Dein' Frau, die kann die Beicht' noch nicht.«
Falterieta rallala, falterietara.

Da nahm der Bauer ein'n Ofenscheit
und schlug den Pfaffen, dass er schreit.
Falterieta rallala, falterietara.

Der Pfaffe schrie: »O Schreck, o Graus!«,
und hielt den Arsch zum Fenster raus.
Falterieta rallala, falterietara.

Da kamen die Leut' von nah und fern
und dachten, es sei der Morgenstern.
Falterieta rallala, falterietara.

Der Morgenstern, der war es nicht,
es war des Pfaffen Arschgesicht.
Falterieta rallala, falterietara.

So soll es allen Pfaffen gehn,
die nachts zu fremden Weibern gehn.
Falterieta rallala, falterietara.

Und die Moral von der Geschicht:
Trau nicht des Pfaffen Arschgesicht!
Falterieta rallala, falterietara.

Es waren vor Zeiten drei Bonner Studenten,
die wollten dem Herrn Pastor seine Köchin,
– schweig stille! – anwenden,
die wollten dem Herrn Pastor seine Köchin
anwenden
und schlichen sich heimlich zum Garten hinein.

Schön war diese Köchin, das tu ich zu wissen,
sie ließ sich, wenn's Not tat, im Dunkeln
– schweig stille! – gern küssen,
sie ließ sich, wenn's Not tat, im Dunkeln gern
küssen.
Denn wisst ihr's, im Dunkeln, da küsst sich's gar
fein.

Auch unser Herr Pastor hat's weislich gerochen
und hinter der Hecke im Garten
– schweig stille! – verkrochen,
und hinter der Hecke im Garten verkrochen
und passt die drei Bonner Studenten hier ab.

Als nun die drei Bonner Studenten ankamen
und sich dieser reizenden Köchin
– schweig stille! – annahmen,
und sich dieser reizenden Köchin annahmen,
sprang hinter der Hecke der Pastor hervor.

Ihr Schlaufuchs, ihr Lumpen, ihr eitelen Gecken,
was wollt ihr im Dunkeln mein Hannchen
– schweig stille! – erschrecken,
was wollt ihr im Dunkeln mein Hannchen
erschrecken,
geht, packt euch, sonst wird euch was andres
gelehrt!

Herr Pastor, der führt nun schön Hannchen nach
Hause
und macht mit ihr hinter der Hecke
– schweig stille! – eine Pause,
und macht mit ihr hinter der Hecke eine Pause.
Denn hinter der Hecke pausiert sich's ganz gut.

Was nun die drei Bonner Studenten beklaget,
sie hätten so gerne schön Hannchen
– schweig stille! – begleitet,
sie hätten so gerne schön Hannchen begleitet.
Doch unser Herr Pastor begleitet sie schon.

Herr Pastor, Sie wissen, Sie sind schon bei Jahren
Sie müssen mich künftig weit besser
– schweig stille! – verwahren,
sie müssen mich künftig weit besser verwahren,
sonst lass ich die Bonner Studenten herein!

Es reist ein Pater von Österreich her, ho, ho, ho,
der wollte bis nach Frankreich gehn,
vallerollerie, vallerallera.
Der wollte bis nach Frankreich gehn,
vallerallerie juho.

Da kam er vor ein hohes Haus, ho, ho, ho,
da schaut eine schwarzbraune Nonne heraus,
vallerollerie, vallerallera …

Der Pater ging die Treppe hinauf, ho, ho, ho,
die Nonne schaut von unten rauf,
vallerollerie, vallerallera …

Ei lieber Pater, was ist das? ho, ho, ho,
was unt'n an deinem Bauch so zappelt und so
zappelt?
Vallerollerie, vallerallera …

Das ist mein Patientenstab, ho, ho, ho,
womit ich kranke Nonnen lab,
vallerollerie, vallerallera …

Ach lieber Pater, labe mich, ho, ho, ho,
denn es gibt keine kränkere Nonne als mich,
vallerollerie, vallerallera …

Er legt sie auf die Ofenbank, ho, ho, ho,
und hobelt sie zwei Stunden lang,
vallerollerie, vallerallera …

Wer eine Nonne hobeln will, ho, ho, ho,
der muss an hobn wie an Mistgabelstiel,
vallerollerie, vallerallera …

Drum Mädchen, nehmt euch nur in Acht, ho, ho, ho,
dass man euch nicht zur Nonne macht,
vallerollerie, vallerallera …

Sonst legt man euch auf die Ofenbank, ho, ho, ho,
und hobelt euch zwei Stunden lang,
vallerollerie, vallerallera …

War einst ein Karmeliter,
der Pater Gabriel,
der wollt der Anna Gstasinger
verpassen ne neue Seel.

Die Anna war ein Mädel,
so jung und wunderschön,
und tat zum ersten Male
ins Kloster beichten gehn.

»Ei, sprach er, liebes Annerl,
komm doch zu mir herein,
hier in dem dunklen Kammerl
kannst beichten ganz allein.

Ach Anna, liebes Annerl,
ich hab dich ja so gern,
bereite dich fein säuberlich
auf den Empfang des Herrn.«

Nahm sie in seinen Beichtstuhl,
setzt sie auf seinen Schoß,
da dacht die Anna Gstasinger:
das Beichten geht famos.

Und er erzählt dem Annerl
vom Berge Sinai
und greift ihr an die Waderln,
hinauf bis an die Knie.

Nicht nur auf Haupt und Glieder
ruht die geweihte Hand,
er senkt sie langsam nieder
bis ins gelobte Land.

»Ei«, spricht er, »liebes Annerl,
greif in die Kutten Maus
und hol mir meinen Priesterstab,
den Segen Gottes raus.«

Bald schwanden ihr die Sinne,
wie leblos sank sie hin,
da hat's nen kleinen Schnackler tan,
die neue Seel war drin.

Drum, all ihr kleinen Mädchen,
wollt ihr ne neue Seel,
so wendet euch vertrauensvoll
an Pater Gabriel.

Freut euch des Lebens

Ich bin ein hochbeglückter Mann,
das kann ich euch besiegeln.
Mein Weibchen liebt mich zärtlich fein,
sie will mich täglich prü---
prüfen in der Liebe,
das sind ja ihre Triebe.

Mein Weibchen kauft sich alle Tag
ein Chemisette und ein Kiesel,
und wenn ich's nicht bezahlen mag,
so schimpft sie gleich: Du E---
engelsüßes Täubchen,
ja, ja, so sagt mein Weibchen.

Ich sag meinem Weibchen jeden Tag:
durch Sparsamkeit befleißen.
Drauf sagt sie nur: Mein lieber Mann,
ich will dir etwas schei---
Scheidemünze geben
und in den Koffer legen.

Und als ich letzthin eines Tages
zurückkam von einem Marsche,
da sagte sie: Mein guter Mann,
komm lecke mich am A---
Angesicht mein Lieber,
ach, mich verzehrt das Fieber.

Wenn ich mein Weibchen zanken will,
so kommt's mit einem Klotze
und sagt: Mein Männchen, sei doch still,
spiel mir an meiner Fo---
Vorstecknadel,
wir sind ja doch vom Adel.

Wenn ich zu Mittags schlafen geh,
so kommt sie mit frohen Blicken.
Dann sagt sie gleich: Du lieber Mann,
jetzt kannst du mich mal fi---
führen in den Garten
ich kann's kaum erwarten.

Wenn ich nun abends lege mich,
so kommt sie sanft und wonnig,
und wenn ich in dem Bette kaum
hat sie den roten Köni---
Königlichen Pfeifen,
der spielt ihr einen Schleifen.

Mein Weibchen ist so jung und schön,
sie liebt Redut und Tänze.
Und was mit Sehnsucht sie ergreift,
das sind die dicken Schwä---
schweren goldnen Ketten,
wenn wir nur solche hätten.

Mein Weibchen ist ja hoch studiert,
sie liest und schreibt nach Regeln,
hat neulich einen Brief geschrieben
und lässt sich von andern fe---
Federkiele schneiden,
das kann ich doch nicht leiden.

Drum bin ich auch ein froher Mann
und kann mich glücklich preisen,
wenn ich nun erst gestorben bin,
so wird sie auf mein Grab schei---
scheidend Blumen streuen,
das wird mein Herz erfreuen.

Zwei Knaben gaben sich einen Kuss,
der eine, der hieß Julius,
der andere, der hieß Gretchen.
Ich glaube, es war ein Mädchen.
  Freut euch des Lebens,
  Großmutter wird mit der Sense rasiert,
  ’s war leider vergebens,
  sie war nicht eingeschmiert.

Zwei Knaben lagen als Embryo
im Mutterleibe comme il faut.
Da sagt der eine: »Achtung, bücken,
es kommt ein Strahl, die Alten ficken.«
  Freut euch des Lebens …

Zwei Mädchen suchten einen Floh,
die eine sucht ihn am Popo,
die andre an der Pumpe.
Aber Scheiße, er war im Strumpe.
  Freut euch des Lebens …

Zwei Mädchen lagen ohne Lust
an ihrer Mutter Hängebrust.
Da sagte die eine: »Schwester,
sauf du die alten Rester.«
  Freut euch des Lebens …

Zwei Damen gingen hochbeglückt
spazieren in einem Garten.
Die eine wurde zuerst gefickt,
die andre musste warten.
  Freut euch des Lebens …

Zwei Mädchen gingen durch die Wüste,
wo beide sie ein Neger grüßte.
Die eine fand ein Straußenei,
die andre fand beim Neger zwei.
Freut euch des Lebens …

Zwei Mädchen spielten sich am Ding,
die eine langsam, die andre flink,
da sagt die Langsame zur Flinken:
»Riech, wie meine Finger stinken!«
Freut euch des Lebens …

Zwei Knaben lagen mal im Stroh,
von einem sah man den Popo,
vom anderen nur die Knie,
und dieser Knabe hieß Marie.
Freut euch des Lebens …

Kommt der Frühling in das Land,
fangen alle Leute mit dem Flohfangen an.
Kommt der Frühling in das Land,
fangen alle Leute mit dem Flohfangen an.
Oh, oh, oh, du armer Floh
hast sechs Beine, und du hüpfst nur so.
Oh, oh, oh, du armer Floh,
hast sechs Beine, und du hüpfst nur so.

Kommt der Floh ins Bett hinein,
macht er sich ein kleines Nestelein.
Oh, oh, oh, du armer Floh …

Macht der Floh den ersten Stich,
leckt man sich den Finger, und dann kratzt
man sich.
Oh, oh, oh, du armer Floh …

Wird der Floh beim Stich ertappt,
wird er gleich geribbelt und kaputt gemacht.
Oh, oh, oh, du armer Floh …

Kommt der Floh ins Jungfernhemd,
macht er gleich sein Testament.
Oh, oh, oh, du armer Floh …

Froh und munter hüpft der Floh
ohne Balancierstange übern Popo.
Oh, oh, oh, du armer Floh …

Dann hüpft er voller Lust
von dem Knie bis an die Brust.
Oh, oh, oh, du armer Floh …

Wird's dem Floh im Hemd zu kalt,
hüpft er mal in den Böhmerwald.
  Oh, oh, oh, du armer Floh …

Wird dem Floh der Kopf mal schwer,
hüpft er gleich ins rote Meer.
  Oh, oh, oh, du armer Floh …

Oftmals wird der Floh ganz keck,
hopst in die Kimme, und dann ist er weg.
  Oh, oh, oh, du armer Floh …

In des Waldes tiefsten Gründen – von vorn,
in den Höhlen tief versteckt – von hinten,
schläft der Räuber allerkühnster – zum
Zeitvertreib,
bis ihn seine Rosa weckt – am Unterleib.

»Rinaldini«, ruf sie schmeichelnd – von vorn,
»Rinaldini, wache auf!« – von hinten,
»Deine Leute sind schon munter – zum
Zeitvertreib,
längst schon ging die Sonne auf.« – am Unterleib.

Und er öffnet seine Augen – von vorn,
lächelt ihr den Morgengruß – von hinten.
Sie sinkt sanft in seine Arme – zum Zeitvertreib,
und erwidert seinen Kuss – am Unterleib.

Draußen bellen laut die Hunde – von vorn,
alles strömet hin und her! – von hinten.
Jeder rüstet sich zum Streite – zum Zeitvertreib,
ladet doppelt sein Gewehr – am Unterleib.

Und der Hauptmann, schön gerüstet – von vorn,
tritt nun mitten unter sie – von hinten.
»Guten Morgen, Kameraden! – zum Zeitvertreib,
sagt, was gibt's denn schon so früh?« – am
Unterleib.

»Unsere Feinde sind gerüstet – von vorn
ziehen gegen uns heran.« – von hinten.
»Nun wohlan! Sie sollen sehen – zum Zeitvertreib,
dass der Waldsohn streiten kann.« – am Unterleib.

»Lasst uns fallen oder siegen!« – von vorn,
Alle rufen: »Wohl es sei!« – von hinten.
Und es tönen Berg und Wälder – zum Zeitvertreib
ringsherum vom Feldgeschrei – am Unterleib.

Seht sie fechten, seht sie streiten! – von vorn.
Jetzt verdoppelt sich ihr Mut! – von hinten.
Aber ach, sie müssen weichen – zum Zeitvertreib,
und vergebens strömt ihr Blut – am Unterleib.

Rinaldini, eingeschlossen – von vorn,
haut sich mutig kämpfend durch – von hinten,
und erreicht im finstern Walde – zum Zeitvertreib
eine alte Felsenburg – am Unterleib.

Zwischen hohen, düstern Mauern – von vorn,
lächelt ihm der Liebe Glück – von hinten.
Es erheitert seine Seele – zum Zeitvertreib,
Dianorens Zauberblick – am Unterleib.

Rinaldini, lieber Räuber – von vorn,
raubst den Schönen Herz und Ruh – von hinten,
ach wie schrecklich in dem Kampfe – zum
  Zeitvertreib,
wie verliebt im Schoß bist du! – am Unterleib.

Ich ging zu meinem Schätzchen
und bat sie um ein Pli-Pla-Plätzchen in der Mitte,
damit war ich zufrieden.
  Videriala, riala, riariarallala,
  videriala, riala, riariala!

Sie führt mich auf die Brücke
und sagt, ich soll sie Fi-Fa-Fische lernen fangen,
das war ja mein Verlangen.
  Videriala …

Sie setzt sich auf die Mauer
und macht den kalten Bi-Ba-Bauern, das sind
  brave Leut,
bei Sommers- und bei Winterzeit.
  Videriala …

Sie setzt sich auf den Klotze
und zeigt mir ihre Fi-Fa-vierzehn Tag vor
  Fassenacht,
da hat mein Vater 'n Watz geschlacht.
  Videriala …

Sie setzt sich auf die Eiche,
da fing sie an zu Si-Sa-Saitenspiel und Zucken,
damit wollt sie mich locken.
  Videriala …

Sie führt mich in die Scheune
und steckt ihn selber Ni-Na-neune hat's
  geschlagen,
den Wächter darf man fragen.
  Videriala …

Sie führt mich auf den Boden
und sagt, ich soll sie Vi-Va-Vogel fliegt zum Laden
  hinaus
und schaut, was ist für Wetter draus.
  Videriala …

Sie setzt sich auf die Trommel
und zeigt mir ihre Bi-Ba-Bomben und Granaten,
die schießen die Soldaten.
  Videriala …

Sie hat ’ne Große,
sie hat ’ne Große,
sie hat ’ne Große,
große Lieb zu mir.

Sie hat ’ne Schwarze,
sie hat ’ne Schwarze,
sie hat ’ne Schwarze,
schwarze Schürze für.

Sie hat sich lassen,
sie hat sich lassen,
sie hat sich lassen,
einen Zahn ausziehn.

Ich möcht gleich vögeln,
ich möcht gleich vögeln,
ich möcht gleich Vögeln
durch die Lüfte ziehn.

Ist das nicht die Hobelbank?
Ja, das ist die Hobelbank.
Ist die nicht recht dick und lang?
Ja, die ist recht dick und lang.
Hobelbank – blitzeblank.
O du schöne Hobelbank,
heute wird gehobelt,
morgen sind wir blank.

Ist das nicht die Annemarie?
Ja, das ist die Annemarie.
Hat die nicht ein geiles Knie?
Ja, die hat ein geiles Knie.
Annemarie – geiles Knie.
Hobelbank – blitzeblank.
O du schöne Hobelbank …

Ist das nicht der Herr Professor?
Ja, das ist der Herr Professor.
Hat der nicht ein Taschenmesser?
Ja, der hat ein Taschenmesser.
Herr Professor – Taschenmesser
Hobelbank – blitzeblank.
O du schöne Hobelbank …

Ist das nicht der Hauptfeldwebel?
Ja, das ist der Hauptfeldwebel,
Hat der nicht ’n krummen Säbel?
Ja, der hat ’n krummen Säbel.
Hauptfeldwebel – krummer Säbel.
Hobelbank – blitzeblank.
O du schöne Hobelbank …

Ist das nicht die Adelheid?
Ja, das ist die Adelheid.
Macht die nicht die Beine breit?
Ja, die macht die Beine breit.
Adelheid – Beine breit.
Hobelbank – blitzeblank.
O du schöne Hobelbank …

Ist das nicht die Kunigunde?
Ja, das ist die Kunigunde.
Hat die nicht den Schwanz im Munde?
Ja, die hat den Schwanz im Munde.
Kunigunde – Schwanz im Munde.
Hobelbank – blitzeblank.
O du schöne Hobelbank …

Ist das nicht die Edeltraut?
Ja, das ist die Edeltraut.
Hat sie nicht den Fick versaut?
Ja, sie hat den Fick versaut.
Edeltraut – Fick versaut.
Hobelbank – blitzeblank.
O du schöne Hobelbank …

Ist das nicht die Englishmiss?
Ja, das ist die Englishmiss.
Hat die nicht a falsch Gebiss?
Ja, die hat a falsch Gebiss.
Englishmiss – falsch Gebiss.
Hobelbank – blitzeblank.
  O du schöne Hobelbank …

Ist das nicht die Feuerwehr?
Ja, das ist die Feuerwehr.
Zieht die nicht die Schläuch daher?
Ja, die zieht die Schläuch daher.
Feuerwehr – Schläuch daher.
Hobelbank – blitzeblank.
  O du schöne Hobelbank …

Es war amol a Holzknecht so stolz,
und er ging mit seinem Hackl in das Holz.

Dann stieg er auf den Wendelstein,
und bei einer hübschen Sennerin kehrt er ein.

Die Sennrin nimmt ihn glei bei der Hand
und sie druckt ihn an die Saustallwand.

Die zwoi, die ham sich eng zammagschmuckt,
und dabei ham's den Saubärn derdruckt.

Der Bauer aber, der hat's gesehn,
was sei'm Saubärn do im Stall is g'schehn.

Da ham se sich a Luag zammendicht,
dass der Saubär sei gestorben an der Gicht.

Die Haut, die ham's zum Gerber gleich gebracht,
und der Bäuerin an Unterrock draus gmacht.

Sie sagt, sie hätt ihn's erstemol an,
und dabei ham s'es scho hundert mol drauf dan.

Der Saubär ist gestorben ohne Sünd,
und die Sennrin, die kriagt jetzt a Kind.

Drum nimm vor freier Liebe dich in Acht,
denn sonst wirst du wie die Wildsau umgebracht.

Also sprach die Erste:
Meine lässt sich bürsten
von Grafen und von Fürsten.
  Junge, wenn du willst,
  Junge, wenn du willst,
  spiel auf meiner Geige,
  Junge, wenn du willst,
  Junge, wenn du willst,
  spiel auf mei'm Klavier.

Also sprach die andere:
Meine ist gewandert
von einem Schwanz zum andern.
  Junge, wenn du willst …

Also sprach die Dritte:
Meine ist in der Mitten,
vom Ars bis an die Zitten.
  Junge, wenn du willst …

Also sprach die Vierte:
Meine ist gezieret,
mit Haaren ausstaffieret.
  Junge, wenn du willst …

Also sprach die Fünfte:
Meine ist vernünftig,
den jungen Burschen zünftig.
  Junge, wenn du willst …

Also sprach die Sechste:
Meine ist die Nettste
und trotzdem doch die Fettste.
  Junge, wenn du willst …

Also sprach die Siebte:
Meine ist gerieben,
kein Haar ist dran geblieben.
  Junge, wenn du willst …

Also sprach die Achte:
Als mich mein Vater machte,
saß ich vorm Loch und lachte.
  Junge, wenn du willst …

Also sprach die Neunte:
Meine ist die Kleine,
wie eine Bauernscheune.
  Junge, wenn du willst …

Also sprach die Zehnte:
Meine lässt sich dehnen
von Hamburg bis nach Bremen.
  Junge, wenn du willst …

Also sprach die Elfte:
Meine ist aus Elfenbein,
und wer sie sieht, der sticht hinein.
  Junge, wenn du willst …

Also sprach die Zwölfte:
Meine macht das Dutzend voll,
und wer's nicht glaubt, der rotzt sie voll.
  Junge, wenn du willst ...

Also sprach die Dreizehnte:
Emil, spann die Ochsen vor,
die Fötzchen wollen gevögelt sein.
  Junge, wenn du willst ...

Und als der Graf nach Hause kam,
ei ei, ei ei, ei ei,
Masurenpferde standen da,
die eins, die zwei, die drei.

Und als der Graf ins Haus nun trat,
ei ei, ei ei, ei ei,
Masurenmützen hingen da,
die eins, die zwei, die drei.

Und als der Graf ins Zimmer trat,
ei ei, ei ei, ei ei,
Masurenhosen lagen da,
die eins, die zwei, die drei.

Und als der Graf zum Bette trat,
ei ei, ei ei, ei ei,
Masurenmänner lagen da,
die eins, die zwei, die drei.

Und als der Graf die Gräfin frug:
»Ei ei, ei ei, ei ei,
ist das nicht alles Lug und Trug?
Die eins, die zwei, die drei?«

Da lachte ihn die Gräfin an:
»Ei ei, ei ei, ei ei,
Gießkannen sind's, mit Säcken dran,
die eins, die zwei, die drei.«

Es hat ein Bauer ein schönes Weib,
das blieb so gerne zu Haus.
Sie bat oft ihren lieben Mann,
er sollte doch fahren hinaus.
  Er sollte doch fahren ins Heu,
  er sollte doch fahren ins hahahahaha Heu,
  juchhei, ins Heu, juchhei,
  er sollte doch fahren ins Heu.

Der Bauer dacht' in seinem Sinn,
die Reden sind zwar gut,
ich will mich hinter die Haustür stelln,
will sehn, was mein Weib tut.
  Will sagen, ich fahre ins Heu,
  will sagen ich fahre ins hahahahaha Heu,
  juchhei, ins Heu, juchhei,
  will sagen, ich fahre ins Heu.

Da kommt geschlichen ein Reitersknecht
zum jungen Weibe herein,
und sie umfängt gar freundlich ihn,
gab stracks ihren Willen darein.
  Mein Mann ist gefahren ins Heu,
  mein Mann ist gefahren ins hahahahaha Heu,
  juchhei, ins Heu, juchhei,
  mein Mann ist gefahren ins Heu.

Er fasste sie um ihr Gürtelband
und schwang sie wohl hin und her.
Der Mann, der hinter der Haustür stand,
ganz zornig trat er hervür:
»Ich bin nicht gefahren ins Heu,
ich bin nicht gefahren ins hahahahaha Heu,
juchhei, ins Heu, juchhei,
ich bin nicht gefahren ins Heu.«

»Ach trauter herzallerliebster Mann,
vergib mir diesen Fehl.
Ich will ja herzen und lieben dich,
will kochen dir Mus und Mehl.
Ich dachte, du wärest im Heu,
ich dachte, du wärest im hahahahaha Heu,
juchhei, im Heu, juchhei,
ich dachte, du wärest im Heu.«

»Und wenn ich gleich gefahren wär
ins Heu und Haberstroh,
so sollst du nun und nimmermehr
einen andern lieben also.
Da fahr doch der Teufel ins Heu,
da fahr doch der Teufel ins hahahahaha Heu,
juchhei, ins Heu, juchhei,
da fahre doch der Teufel ins Heu.«

Und der euch dieses Liedlein sang,
der wird es singen noch oft,
es ist der junge Reitersknecht,
er lieget im Heu und im Hof
    Er fährt auch manchmal ins Heu,
    er fährt auch manchmal ins hahahahaha Heu,
    juchhei, ins Heu, juchhei,
    er fährt auch manchmal ins Heu.

Quellen:

Erotische Volkslieder aus Deutschland.
Herausgegeben von Hans Ostwald, Berlin 1910

Der Zupfgeigenhansl. Das Liederbuch der Wandervögel.
Herausgegeben von Hans Breuer, Leipzig 1913

Das schamlose Volkslied. Eine Sammlung erotischer Volkslieder.
Herausgegeben von Leo Schidrowitz, Wien, 1921

Erotische Lieder aus 500 Jahren.
Herausgegeben von Rolf W. Brednich, Frankfurt am Main, 1979

http://www.volksliederarchiv.de

Illustriert mit alten Stichen und Holzschnitten

ISBN 978-3-359-02400-2

Umschlaggestaltung: Verlag, unter Verwendung
einer Zeichnung von Félicien Rops
Druck und Bindung: CPI Moravia Books GmbH, Tschechien

Ein Verlagsverzeichnis schicken wir Ihnen gern:
Eulenspiegel · Das Neue Berlin Verlagsgesellschaft mbH & Co. KG
Neue Grünstr. 18, 10179 Berlin
Tel. 01805/309999
(0,14 E/Min., Mobil max. 0,42 E/Min.)

Die Bücher des Eulenspiegel Verlags
erscheinen in der Eulenspiegel Verlagsgruppe.

www.eulenspiegel-verlagsgruppe.de